读点

经史子集

丁宥允 ◎ 著

中国出版集团
现代出版社

上

图书在版编目（CIP）数据

每天读点经史子集（上）／丁宥允编著. —北京：现代
出版社，2014.1

ISBN 978-7-5143-2146-3

Ⅰ．①每… Ⅱ．①丁… Ⅲ．①古籍－中国－青年读物
②古籍－中国－少年读物 Ⅳ．①Z838－49

中国版本图书馆 CIP 数据核字（2014）第 008597 号

作　　者	丁宥允
责任编辑	王敬一
出版发行	现代出版社
通讯地址	北京市安定门外安华里 504 号
邮政编码	100011
电　　话	010－64267325 64245264（传真）
网　　址	www.1980xd.com
电子邮箱	xiandai@cnpitc.com.cn
印　　刷	唐山富达印务有限公司
开　　本	710mm×1000mm　1/16
印　　张	16
版　　次	2014 年 1 月第 1 版　2023 年 5 月第 3 次印刷
书　　号	ISBN 978-7-5143-2146-3
定　　价	76.00 元（上下册）

目　录

第一章　经　部

第二章　史部(上)

第一章　经　部

《周易》

简介

　　《易经》这一部书，是我国文字中的"极则"，所有一切天地间阴阳变化的大道，以及人事的休咎，政治的得失，没有不包括于其中。但它为什么定名为"易"呢？据《周易正义》中说："夫'易'者，'变化'之总名，'改换'之殊称。自天地开辟，阴阳运行，寒暑往来，日月更出，孚萌庶类，亭毒群品，新新不停，生生相续，莫非资'变化'之力，'换代'之功。"这一段文字，是说明"易"所以作为"变易"解的道理。大抵天地间变化运行之道，全在这"阴阳"二气，故圣人初画"八卦"的时候，先造设了"刚""柔"二画——单数为"阳"，为"刚"，如"一"；偶数为"阴"，为"柔"，如"－－"——以象二气的"形状"。布之以"三位"，以像"三才"的"德化"。——"三才"者，是指"天""地""人"三者而言——因此称它为"易"，便取其有"变化"

之意。

如上所述，则知所谓"易"者，乃是专指其能"变化"而说的。今细按《易经》的内容，似仅以"变易"解释"易"字的，还不足以尽"易"的意义。其实《易经》之所以称为"易"，要是详细地辨别起来，在这一个名称之中，却已含有三种的意义：

1. 易，可以作"简易"解的；

2. 易，可以作"变易"解的；

3. 易，可以作"不易"解的。

今请引《易纬·乾凿度》中语，以说明这三种不同的意义：

1. 易可以作"简易"解的：《易纬·乾凿度》说："易者，其'德'也。光明四通，简易立节，天以烂明，日月星辰，布设张列，通精无门，藏神无穴，不烦不扰，淡泊不失，此其'易'也。"

2. 易可以作"变易"解的：《易纬·乾凿度》说："变易者，其'气'也。天地不变，不能通气，五行迭终，四时更废，君臣取象，变节相移，能消者息，必专者败，此其'变易'也。"

3. 易可以作"不易"解的：《易纬·乾凿度》说："不易者，其'位'也。天在上，地在下，君南面，臣北面，父坐，子伏，此其'不易'也。"

按上引《易纬·乾凿度》之说，其申述"易"含"简易""变易""不易"三种不同的意义，吾人已可切实明了；而《易经》之所以名为"易"，也就因这些道理！但它为什么又称之为"周易"呢？盖当初伏羲画"八卦"，虽开《易经》之源流，然只有"文"而没有"字"。此后历经轩辕、唐、虞之世，其间约数百年，一切文物日见其昌盛，而于"易"却无所发明。直至周代的文王，始衍"八卦"为"六十四卦"，又作辞以系于卦爻之下，叫做"系辞"——此和孔子《十翼》中的"系辞"不同。文王的"系辞"，是指每卦下所系之辞而说的，例如"《乾》，元亨利贞"是——周公则又本文王所系之辞，而更增益之。及孔子作《十翼》，始完成了《易经》的全书。后人因文王、周公、孔子，都为周时的人，所以称"易"为"周易"。一说，其道"周普"、无所不备之义。《周礼·春官·太卜》："掌'三易'之法：一曰'连山'；二曰'归藏'；三曰'周易'。"按"连山"是夏时称"易"之名，其法，以《艮卦》为首，取它"象山的出云，有连连不绝"的意思，所以称它为"连山"。"归藏"，是商时称"易"之名，其法，以《坤卦》为首，取它"象万物之莫不归藏于地"的意思，所以称为"归藏"。此二者，序卦的列次，和"周易"微有不同，只因它的明文，后世泯灭而不传，无从知其内容，于是"周易"遂得独行于世了！

《周易》的主要内容

今本《周易》的内容主要包括"经"和"传"两部分。

"经"部分，主要是六十四卦的卦形符号与卦爻辞。

所谓的"六十四卦"，是由"八卦"两两相重而得，"八卦"则是由"阴"、"阳"二爻三叠而成。

《周易》的"阴""阳"，分别呈中断的与相连的线条形状，即"－－"与"—"。古人用阴阳范畴来表现寒暑、日月、男女、昼夜、奇偶等众多概念，正所谓"一阴一阳之谓道"。

在"阴"与"阳"的基础上，圣人将其符号三叠而成八种不同形状，分别命名为不同的卦名并拟取相应的象征，称为"八卦"——"乾""坤""震""巽""坎""离""艮""兑"。

接着，圣人再将"八卦"两两相叠，构成六十四个不同的六划组合体，即"六十四卦"（也称"别卦"），每卦中的两个"八卦"符号，居下者称为"下卦"（也称"内卦"，《左传》称"贞卦"），居上者称为"上卦"（也称"外卦"，《左传》称"悔卦"）。"六十四卦"每卦共有六条线条，称为"爻"。《说文解字》云："爻，交也"；王弼云："夫爻者何也？言乎变者也"。"爻"的原意也就是阴阳之交变。因此"- -"称为"阴爻"，以"六"表示；"—"称为"阳爻"，以"九"表示。六爻的位置称为"爻位"，自下而上分别为"初""二""三""四""五""上"。如《蒙卦》：如，第四卦"蒙卦（下坎上艮）"自下而上的六爻分别称为"初六""九二""六三""六四""六五""上九"。

所谓的卦爻辞，即系于卦形符号下的文辞，其中卦辞每卦一则，总括全卦大意，爻辞每爻一则，分指各爻旨趣。《周易》共有六十四卦、三百八十四爻，因而相应的也有六十四则卦辞和三百八十四则爻辞（由于《乾》《坤》两卦各有"用九"和"用六"的文辞，故将其并入爻辞之中，即总计三百八十六则爻辞）。

"传"实际上是阐释《周易》经文的专著，即《彖传》上下、《象传》上下、《文言》《系辞传》上下、《说卦传》《序卦传》《杂卦传》，共计七种十篇。因其阐发经文大义，如本经之羽翼，故汉人称之"十翼"，后世统称《易传》。

价值意义

《周易》堪称我国文化的源头活水。它的内容极其丰富，对中国几千年来的政治、经济、文化等各个领域都产生了极其深刻的影响。无论孔孟之道，老庄学说，还是《孙子兵法》，抑或是《黄帝内经》，《神龙易学》，无不和《易经》有着密切的联系。一代大医孙思邈曾经说过："不知易便不足以言知医。"易，变也！各种病不了解病根变化如何了解医治之法？简直可以一言以蔽之：没有《易经》就没有中国的文明。

《周易》在春秋战国时代得到进一步完善，是我国先人的集体创作，中华民族智慧的结晶。《易经》里的思想已经渗透到中国人生活的方方面面，即使人们并没有意识到这一点，事实也是如此。孔子就说过人们"日用而不知"。今天，我们谁不曾说过某某人阴阳怪气，某某人又变卦了，或者扭转乾坤，否极泰来之类的口语和成语，但不一定人人都知道而这些词汇都是直接从《易经》里来的。

《周易》在西汉时期就被列为六经（易，诗，书，礼，乐，春秋）之首。在我国文化史上享有最崇高的地位。秦始皇焚书时亦不敢毁伤它。

《周易》研究被称为《易经》或"易学"，早就成为一门高深的学问。《汉书·儒林传》记载："孔子读易，苇编三绝，而为之传。"上下五千年，《易经》代代相传，释家林立。许多学者皓首穷经，考证训诂，留下了三千多部著作，蔚为大观。

《周易》研究流派纷呈。他们互相争鸣，互相否定，也互相吸收，取长补短。春秋时期，筮法上出现过变卦说，取象说，取义说，吉凶由人、天道无常说。战国时期出现过阴阳变易说。汉代有象数之学（卦气说，五行说，纳甲说），魏晋唐时期称玄学。宋明时期，又出现五大学派：理学派，数学派，气学派，心学派和功利学派。又有人笼统地分为两派：一派是儒家，一派是道家。儒家重乾卦，重阳刚。讲"天行健，君子自强不息。"强调修身以有用于社会。道家则重坤卦，重阴柔。讲"大道若水，弱能胜强。"强调精神自由，以无为顺应自然，追求天人合一境界。儒道两家都从《易经》发展而来，犹如长江黄河之水皆发源于青藏高原。

《易经》的科学内涵得到越来越广泛的承认和尊敬。易学研究将成为21世纪世界范围内的显学。尽管如此，《易经》里仍然有许多不解之谜，连孔子和朱熹都竟告阙如。

《尚书》

名字由来

《书》又名《尚书》，后儒尊之为《书经》。先秦典籍引其文都称"《书》曰"，不称《尚书》。《尚书》一名，大致起于汉初。《经典释文叙录》："以其上古之书，故曰《尚书》。"郑玄说："孔子撰《书》，尊而命之曰《尚书》。尚者，上也，盖言若天书然。"王肃说："上所言，下为史所书，故曰《尚书》。后二说见于《经典释文叙录》自注。较之三说，以第一说为切要。

《尚书》大致出于各代史官之手，有的还是后人增补之作，具体的作者已不可考。《史记·孔子世家》说孔子：追迹三代之礼，序《书》传，上纪唐虞之际，下至秦穆，编次其事"。《汉书·艺文志》："《书》之所起远矣！至孔子纂焉，上断于尧，下讫于秦，凡百篇，而为之序，言其作意。"《尚书正义》引《尚书纬》："孔子求书，得黄帝玄孙帝魁之书，迄于秦穆公，凡三千二百四十篇，断远取近，定可为世法者，百二十篇，以百二十篇为《尚书》。"孔子为《书》作传本不可信，"百篇""百二十篇"，"三千二百四十篇"云云，亦未可定。按理，孔子以《书》为教材，可能是曾经"编次其事"者之一，却不一定是最终的定稿者。据陈梦家《尚书通论》统计，先秦诸子有几部书其引《书》一百六十八次，佚文达一百一十条，由此看来《书》的篇目原本是很多的，留传后世的只是其中的一部分。

读《尚书》最令人头疼的问题之一就是今古文之分和真伪之辨。皮锡瑞说："两汉经学有今古文之分，以《尚书》为最先，亦以《尚书》为纠纷难辨。治《尚书》不先考今古文分别，必至茫无头绪，治丝而棼，故分别今古文，为治《尚书》一大关键，非徒争门户也。"

汉初所传《尚书》为今文。秦焚书之后，《尚书》难求，汉文帝时曾为秦博士的济南伏生，已经九十多岁了，把家藏的二十八篇《尚书》残卷口授于朝廷派去的晁错，用汉代通行的隶书写成，就是今文《尚书》。武帝时，民间献《泰誓》一篇，遂成二十九篇。

《史记·儒林传》："孔氏有古文《尚书》，而孔安国以今文读之，因以起其家，逸《书》得十余篇，盖《尚书》滋多于是矣。"《汉书·艺文志》："古文《尚书》者，出孔子壁中。武帝末，鲁恭王坏孔子宅，欲以广其宫，得古文《尚书》及《礼记》《论语》《考经》凡数十篇，皆古字也"。"孔安国者，孔子后也，悉得其书，以考二十九篇，得多十六篇。"这就是古文《尚书》的由来。

内容

《尚书》是中国最古老的皇室文集，是中国第一部上古历史文件和部分追述古代事迹著作的汇编，它保存了商周特别是西周初期的一些重要史料。《尚书》相传由孔子编撰而成，但有些篇是后来儒家补充进去的。西汉初存二十九篇，因用汉代通行的文字隶书抄写，称《今文尚书》。另有相传在汉武帝时从孔子住宅壁中发现的《古文尚书》（现只存篇目和少量佚文，较《今文尚书》多十六篇）和东晋梅赜所献的伪《古文尚书》（较《今文尚书》多二十五篇）。现在通行的《十三经注疏》本《尚书》，就是《今文尚书》和伪《古文尚书》的合编本。

上古历史文献集。《左传》等引《尚书》文字，分别称《虞书》《夏书》《商书》《周书》，战国时总称为《书》，汉人改称《尚书》，意即"上古帝王之书"（《论衡·正说篇》）。

《尚书》的真伪、聚散，极其复杂曲折。2009 年清华简中发现了部分早期版本的《尚书》。

汉人传说先秦时《书》有一百篇，其中《虞夏书》二十篇，《商书》《周书》各四十篇，每篇有序，题孔子所编。《史记·孔子世家》也说到孔子修《书》。但近代学者多以为《尚书》编定于战国时期。秦始皇焚书之后，《书》多残缺。今存《书序》，为《史记》所引，约出于战国儒生之手。汉初，《尚书》存二十九篇，为秦博士伏生所传，用汉时隶书抄写，被称为《今文尚书》。西汉前期，相传鲁恭王拆孔子故宅一段墙壁，发现另一部《尚书》，是用先秦六国时字体书写的，所以称《古文尚书》，它比《今文尚书》

多十六篇，孔安国读后献于皇家。因未列于学官，《古文尚书》未能流布。东晋元帝时，梅赜献伪《古文尚书》及孔安国《尚书传》。这部《古文尚书》比《今文尚书》多出二十五篇，又从《今文尚书》中多分出四篇，而当时今文本中的《秦誓》篇已佚，所以伪古文与今文合共五十八篇。唐太宗时，孔颖达奉诏撰《尚书正义》，就是用古今文真伪混合的本子。南宋吴棫以后，对其中真伪颇有疑议。明代梅鷟作《尚书考异》，清代阎若璩著《尚书古文疏证》等，才将《古文尚书》和孔安国《尚书传》乃属伪造的性质断实。

《尚书》所录，为虞、夏、商、周各代典、谟、训、诰、誓、命等文献。其中虞、夏及商代部分文献是据传闻而写成，不尽可靠。"典"是重要史实或专题史实的记载；"谟"是记君臣谋略的；"训"是臣开导君主的话；"诰"是勉励的文告；"誓"是君主训诫士众的誓词；"命"是君主的命令。还有以人名标题的，如《盘庚》《微子》；有以事为标题的，如《高宗肜日》《西伯戡黎》；有以内容为标题的，如《洪范》《无逸》。这些都属于记言散文。也有叙事较多的，如《顾命》《尧典》。其中的《禹贡》，托言夏禹治水的记录，实为古地理志，与全书体例不一，当为后人的著述。自汉以来，《尚书》一直被视为中国封建社会的政治哲学经典，既是帝王的教科书，又是贵族子弟及士大夫必修的"大经大法"，在历史上很有影响。

特点

就文学而言，《尚书》是中国古代散文已经形成的标志。据

《左传》等书记载，在《尚书》之前，有《三坟》《五典》《八索》《九丘》，但这些书都没有传下来，《汉书·艺文志》已不见著录。叙先秦散文当从《尚书》始。书中文章，结构渐趋完整，有一定的层次，已注意在命意谋篇上用功夫。后来春秋战国时期散文的勃兴，是对它的继承和发展。秦汉以后，各个朝代的制诰、诏令、章奏之文，都明显地受它的影响。刘勰《文心雕龙》在论述"诏策""檄移""章表""奏启""议对""书记"等文体时，也都溯源到《尚书》。《尚书》中部分篇章有一定的文采，带有某些情态。如《盘庚》三篇，是盘庚动员臣民迁殷的训词，语气坚定、果断，显示了盘庚的目光远大。其中用"若火之燎于原，不可向迩"比喻煽动群众的"浮言"，用"若乘舟，汝弗济，臭厥载"比喻群臣坐观国家的衰败，都比较形象。《无逸》篇中周公劝告成王："呜乎！君子所其无逸，先知稼穑之艰难乃逸，则知小人之依。"《秦誓》篇写秦穆公打了败仗后，检讨自己没有接受蹇叔的意见时说："古人有言曰：'民讫自若是多盘，责人斯无难，惟受责俾如流，是惟艰哉！'我心之忧，日月逾迈，若弗云来！"话语中流露出诚恳真切的态度。此外，《尧典》《皋陶谟》等篇中，还带有神话色彩，或篇末缀以诗歌。因此，《尚书》在语言方面虽被后人认为"佶屈聱牙"（韩愈《进学解》），古奥难读，而实际上历代散文家都从中取得一定借鉴。

历来注释和研究《尚书》的著作很多，有唐孔颖达的《尚书正义》，宋蔡沈的《书集传》，清孙星衍的《尚书今古文注疏》。宋两浙东路茶盐司刻本《尚书正义》二十卷，现存北京图书馆。

《尚书》的文字内容所记基本是誓、命、训、诰一类的言辞。文字古奥迂涩，所谓"周诰殷盘，诘屈聱牙"，就是指这个特点。

但也有少数文字比较形象、朗畅。

《尚书》主要记录虞夏商周各代一部分帝王的言行。它最引人注目的思想倾向，是以天命观念解释历史兴亡，以为现实提供借鉴。这种天命观念具有理性的内核：一是敬德，二是重民。《尚书》的文字诘屈艰深，晦涩难懂，但它标志着史官记事散文的进步：第一，有些篇章注重人物的声气口吻；第二，有些篇章注重语言的形象化以及语言表达的意趣；第三，有些篇章注重对场面的具体描写。

《诗》

简介

《诗》汉代以后称《诗经》，是我国最古老的一部诗歌总集。《诗经》汇集了自西周初年至春秋中叶大约五百多年的诗歌三百零五篇，此外还有六篇有标题而无诗文，所以《诗经》又称《诗三百》或《三百篇》，举其整数而已。

《诗经》三百零五篇的作者，绝大部分已不可考。个别篇章下面附有作者，如《小雅·节南山》："家父作诵"；《巷伯》："寺人孟子，作为此诗"；《大雅》的《崧高》《丞氏》称"吉父作诵"。此外，《尚书》记周公作，《豳风·鸱鸮》，《左传》记许穆夫人作《鄘风·载驰》。《小雅·常棣》，《国语》以为周公所作，《左传》认为召穆公所作。而《诗小序》说"某人作某篇言，多属臆测。

关于《诗经》的搜集整理有三种说法：

1. 王官采诗说

最早的记载出现于《左传》。《孔丛子·巡狩篇》载："古者天子命史采歌谣，以观民风。"

另外在《汉书·食货志》："孟春之月，群居者将散，行人振木铎，徇于路以采诗，献之太师，比其音律，以闻于天子。故曰王者不出牖户而知天下。"周朝朝廷派出专门的使者在农闲时到全国各地采集民谣，由周朝史官汇集整理后给天子看，目的是了解民情。当时的采诗官被称为"行人"（见于《左传》）。

刘歆《与扬雄书》亦称："诏问三代，周、秦轩车使者、道人使者，以岁八月巡路，求代语、童谣、歌戏。"

2. 公卿献诗说

当时天子为了"考其俗尚之美恶"，下令诸侯献诗。《国语·周语》载："天子听政，使公卿至于列士献诗，瞽献曲，……师箴，瞍赋，矇诵。"

3. 孔子删诗说

这种说法见于《史记·孔子世家》："古者诗三千余篇，及至孔子，去其重，取可施于礼义三百五篇。"据说原有古诗三千篇，孔子根据礼义的标准编选了其中三百篇，整理出了《诗经》。唐代孔颖达、宋代朱熹、清代朱彝尊、清代魏源等对此说均持怀疑态度。《左传》中记载孔子不到10岁时就有了定型的《诗经》，公元前544年鲁乐工为吴公子季札所奏的风诗次序与今本《诗经》基本相同。《论语·子罕》孔子曾说："吾自卫返鲁，然后乐正，雅、颂各得其所。"可见也许孔子只是为《诗》正过乐而已。通常认为《诗经》为各诸侯国协助周朝朝廷采集，之后由史官和乐师编纂整理而成。孔子也参与了这个整理的过程。

体例分类

《诗经》在篇章结构上多采用重章叠句的形式其主要表现手法有三种，通常称为：赋、比、兴。

人们把《诗经》的内容编排和表现手法称为：风雅颂，关于《诗经》中诗的分类有"四始六义"之说。"四始"指《国风》《大雅》《小雅》《颂》的四篇列首位的诗。"六义"则指"风、雅、颂，赋、比、兴"。"风、雅、颂"是按音乐的不同对《诗经》的分类，"赋、比、兴"是《诗经》的表现手法。《诗经》多以四言为主，兼有杂言。

《风》《雅》《颂》三部分的划分，是依据音乐的不同。

《风》包括了十五个地方的民歌，包括今天山西、陕西、河南、河北、山东一些地方（齐、韩、赵、魏、秦），大部分是黄河流域的民间乐歌，多半是经过润色后的民间歌谣叫"十五国风"，有一百六十篇，是《诗经》中的核心内容。"风"的意思是土风、风谣。

（十五国风：周南、召南、邶、鄘、卫、王、郑、齐、魏、唐、秦、陈、桧、曹、豳）

《雅》分为《小雅》（七十四篇）和《大雅》（三十一篇），是宫廷乐歌，共一百零五篇。

"雅"是正声雅乐，即贵族享宴或诸侯朝会时的乐歌，按音乐的布局又分"大雅""小雅"，有诗一百零五篇，小雅七十四篇，大雅多为贵族所作，小雅为个人抒怀。固然多半是士大夫的作品，但小雅中也不少类似风谣的劳人思辞，如《黄鸟》《我行其野》《谷风》《何草不黄》等。

《颂》包括《周颂》（三十一篇），《鲁颂》（四篇），和《商颂》（五篇），是宗庙用于祭祀的乐歌和舞歌，共四十篇。

"颂"是祭祀乐歌，本是祭祀时颂神或颂祖先的乐歌，但鲁颂四篇，全是颂美活着的鲁僖公，商颂中也有阿谀时君的诗。

"风"的意义就是声调。它是相对于"王畿"——周王朝直接统治地区——而言的。是不同地区的地方音乐，多为民间的歌谣。《风》诗是从周南、召南、邶、鄘、卫、王、郑、齐、魏、唐、秦、陈、桧、曹、豳等十五个地区采集上来的土风歌谣。共一百六十篇。大部分是民歌。根据十五国风的名称及诗的内容大致可推断出诗产生于现在的陕西、山西、河南、河北、山东和湖北北部等。

"雅"是"王畿"之乐，这个地区周人称之为"夏"，"雅"和"夏"古代通用。雅又有"正"的意思，当时把王畿之乐看作是正声——典范的音乐。周代人把正声叫做雅乐，犹如清代人把昆腔叫做雅部，带有一种尊崇的意味。朱熹《诗集传》曰："雅者，正也，正乐之歌也。其篇本有大小之殊，而先儒说又有正变之别。以今考之，正小雅，燕飨之乐也；正大雅，朝会之乐，受釐陈戒之辞也。辞气不同，音节亦异。故而大小雅之异乃在於其内容。"

"颂"是宗庙祭祀的乐歌和史诗，内容多是歌颂祖先的功业的。《毛诗序》中说："颂者美盛德之形容，以其成功告于神明者也。"这是颂的含义和用途。王国维说："颂之声较风、雅为缓。"（《说周颂》）这是其音乐的特点。

表现手法

"赋"按朱熹《诗集传》中的说法，"赋者，敷也，敷陈其事而直言之者也"。就是说，赋是直接铺陈叙述。是最基本的表现手法。如"死生契阔，与子成说。执子之手，与子偕老"，即是直接表达自己的感情。

"比"，用朱熹的解释，是"以彼物比此物"，也就是比喻之意，明喻和暗喻均属此类。《诗经》中用比喻的地方很多，手法也富于变化。如《氓》用桑树从繁茂到凋落的变化来比喻爱情的盛衰；《鹤鸣》用"他山之石，可以攻玉"来比喻治国要用贤人；《硕人》连续用"荑荑"喻美人之手，"凝脂"喻美人之肤，"瓠犀"喻美人之齿，等等，都是《诗经》中用"比"的佳例。

"赋"和"比"都是一切诗歌中最基本的表现手法，而"兴"则是《诗经》乃至中国诗歌中比较独特的手法。"兴"字的本义是"起"，因此又多称为"起兴"，对于诗歌中渲染气氛、创造意境起着重要的作用。《诗经》中的"兴"，用朱熹的解释，是"先言他物以引起所咏之辞"，也就是借助其他事物为所咏之内容作铺垫。它往往用于一首诗或一章诗的开头。有时一句诗中的句子看似比似兴时，可用是否用于句首或段首来判断是否是兴。例《卫风·氓》中"桑之未落，其叶沃若"就是兴。大约最原始的"兴"，只是一种发端，同下文并无意义上的关系，表现出思绪无端地飘移联想。就像秦风的《晨风》，开头"鴥彼晨风，郁彼北林"，与下文"未见君子，忧心钦钦"云云，很难发现彼此间的意义联系。虽然就这实例而言，也有可能是因时代悬隔才不可理解，但这种情况一定是存在的。就是在现代的歌谣中，仍可看到这样的"兴"。

进一步，"兴"又兼有了比喻、象征、烘托等较有实在意义的用法。但正因为"兴"原本是思绪无端地飘移和联想而产生的，所以即使有了比较实在的意义，也不是那么固定僵板，而是虚灵微妙的。如《关雎》开头的"关关雎鸠，在河之洲"，原是诗人借眼前景物以兴起下文"窈窕淑女，君子好逑"的、但关雎和鸣，也可以比喻男女求偶，或男女间的和谐恩爱，只是它的喻意不那么明白确定。又如《桃夭》一诗，开头的"桃之夭夭，灼灼其华"，写出了春天桃花开放时的美丽氛围，可以说是写实之笔，但也可以理解为对新娘美貌的暗喻，又可说这是在烘托结婚时的热烈气氛。由于"兴"是这样一种微妙的、可以自由运用的手法，后代喜欢诗歌的含蓄委婉韵致的诗人，对此也就特别有兴趣，各自逞技弄巧，翻陈出新，不一而足，构成中国古典诗歌的一种特殊味道。

《周礼》《仪礼》《礼记》

《周礼》《仪礼》《礼记》合称"三礼"，是考察儒家及先秦制度器物、风俗习惯的重要典籍。

周礼

《周礼》简介

《周礼》的名称，始见于汉朝的时候；亦称为《周官》。按

《汉书·河间献王传》，有曰："河间献王德，修学好古，实事求是。从民得善书，必为好写与之，留其真，加金帛赐以召之。所得，皆先秦旧书：《周官》《尚书》《礼记》《孟子》《老子》之属。"是知《周官》，原是《周礼》的旧名。《周礼》和《周官》，何以一书而两名呢？则据贾公彦《周礼义疏》中说："以'设位'言之，谓之《周官》；以'制作'言之，谓之《周礼》。"于此可以知是书一名而两称之故。或说，恐其与《尚书》中《周官》一篇相混，故别称为《周礼》，也尚有意。

《周礼》的"制作"

《周礼》这一部书，内分《天官》《地官》《春官》《夏官》《秋官》《冬官》六篇，自经秦火以后，几乎与《乐经》共同失传。至汉河间献王的时候，始获得于山间屋壁之中，但已失去了《冬官》一篇，因用《考工记》来补足它。此书内容：详于周朝的"制度"，而不及于"道化"；严于百官的"职守"，而阙略人主的"本身"。后来研究的人，求其说而不可得，因此或说它是"文王治岐之制"，或说它是"周公理财之书"，甚至或说它是"战国阴谋之术"，或说它是"汉儒附会之言"。这也未免太诬蔑《周礼》了！

大约《周礼》的"制作"，按考其时，当在周公居摄大位之后。及其书已成，恰值他回归于丰，因此便没有能够实行。就为它没有能够实行，所以"建都"的制度，不和《召诰》《洛诰》相合；"封国"的制度，不和《武成》《孟子》相合；"设官"的制度，不和《尚书》中《周官》相合；"九畿"的制度，不和《尚书》中《禹贡》相合。举凡以上这些情形，都是他预先制作而没有能实行的缘故！

今细按《周礼》全书，一切制度，觉得非常"详密"；内中虽不免尚有一二缺遗的地方，然断不是后世的人所能"假造"的。故宋儒朱子以为："《周官》遍布精密，乃周公运用天理烂熟之书。"又说："《周礼》一书，广大精密，周家法度在焉！"观以上朱子的这两段话，他对于《周礼》，推崇备至。那么后人所诬为"战国阴谋之术"，或"汉儒附会之言"，其说不攻而自破了！李氏觏说："窃观'六典'之文，其用心至悉，非古聪明睿知，孰能及此？其曰周公致太平者，信矣！"这也是推崇《周礼》的几句话。

《周礼》的体例

《周礼》全书"六篇"中，所列的"条目"，虽很众多，然总括它的"纲领"，不外三种：一曰"养君德"；二曰"正朝纲"；三曰"均国势"。它的"分例"，虽很"细密"，然它对于"序官"之义，也只有二端：

1. 是以义类相从的。例如，《天官》中的"宫正"，"掌王宫之戒令训察"；"宫伯"，"掌王宫宿卫之士"；总之同主"宫中"之事的是。又如，《天官》中的"膳夫"，"掌王之膳食"；"庖人"，"掌膳羞"之职；"外饔"，"掌外祭及邦飨"；总之同主"造食"之事的是。

2. 是次序。一官之属，不以"尊卑"为先后，而以"缓急"为次第的。例如，《天官》中的"宫正"，仅以"士官"的地位，却在前为"官官之长"；"内宰"之职，以"大夫"的地位，反列在"宫正"之后是。

以上所举两端，《周礼》"体制的概要"，大略如是而已。今更请论它的文章。按《周礼》本阙失《冬官》一篇，至汉世河间献王时，始取《考工记》补入，合成六篇之数，奏之于汉天子；即今世所传的是。《考工记》这篇文章，后世的人，或说它是东周后齐人所作，或说它是先秦的旧书；这些理论，我们且不去管它，然其文法的奇古，实在是后世文字中很少有的！

《仪礼》

《仪礼》原名《礼》，是记古代礼俗仪容的书，汉代人又称之为《士礼》，尊为《礼经》《仪礼》之名始于晋代。

《仪礼》有今古文之分。《汉书·艺文志》："汉兴，鲁高堂生传《士礼》十七篇。……《礼》古经者，出于鲁淹中及孙氏，学七十（当作"与十七"）篇文相似，多三十九篇。"则今文《仪礼》为十七篇，古文《仪礼》为五十六篇。郑玄注《仪礼》，采用了今文十七篇的本子。多出的三十九篇古文后来就亡佚了。十七篇《仪礼》的今文和古文，文同字异，郑玄参校今、古文，并详加说明，今传《十三经注疏》本的《仪礼》即郑玄注本。

《仪礼》的作者，今文家认为是孔子，古文家认为是周公。现在看来，它大致是春秋战国之际儒者讲习礼仪的篇章。

《仪礼》十七篇的内容，可分为冠、婚、丧、祭、乡、射、朝、聘八大纲，每种礼都有严格的仪式细节，烦琐之至，难以卒读。如冠礼，据《士冠礼》记载，冠礼于宗庙中举行，由父或兄主持。冠礼正式举行之前要占卜吉日，选择负责加冠的宾。冠礼过程包括加冠三次，每加冠一次，宾都要对冠者致祝词。然后设酒宴招待宾和宾的助手赞等人，叫"礼宾"。礼宾之后回家拜父母，再由宾取

"字"，还要拜见一大堆的亲戚乡绅等等。最后主人向宾敬酒，赠送礼品，冠礼告成。

各种礼仪之中，最重要的是丧祭。《丧服》篇子夏还专门为之作传，亲亲、尊尊、长长、男女有别的卦建制度在此表现得最清楚明白。《论语》记曾子之言："慎终追远，民德归厚矣。"可见除了表达生者对死者的哀思之外，丧祭还有维护氏族传统，净化社会道德的作用。儒家虽"不语怪力乱神"，但很看重送终祭祖，形成了并不狂热却根深蒂固的宗法性宗教。

《仪礼》是有名的难读之书。究其难读的原因，主要是这些礼仪后世大多已不通行，且经文不分章节，内容又繁琐枯燥，读者往往未及终篇就昏昏欲睡了。但是它对于研究古代的风俗习惯却很有价值，如前述士冠礼，表明氏族社会男女青年到达成熟期，必须参加"成丁礼"才能成为氏族公社的正式成员，这种"成丁礼"后来演变为冠礼。一些偏远地区的民族至今仍有这种习俗的残遗，与《士冠礼》参读就极其有趣。

《礼记》，是中国古代一部重要的典章制度书籍。该书编定是西汉礼学家戴德和他的侄子戴圣。戴德选编的八十五篇本叫《大戴礼记》，在后来的流传过程中若断若续，到唐代只剩下了三十九篇。戴圣选编的四十九篇本叫《小戴礼记》，即我们今天见到的《礼记》。这两种书各有侧重和取舍，各有特色。东汉末年，著名学者郑玄为《小戴礼记》作了出色的注解，后来这个本子便盛行不衰，并由解说经文的著作逐渐成为经典，到唐代被列为"九经"之一，到宋代被列入"十三经"之中，为士者必读之书。

《礼记》

《礼记》的内容主要是记载和论述先秦的礼制、礼仪，解释仪礼，记录孔子和弟子等的问答，记述修身作人的准则。实际上，这部九万字左右的著作内容广博，门类杂多，涉及到政治、法律、道德、哲学、历史、祭祀、文艺、日常生活、历法、地理等诸多方面，几乎包罗万象，集中体现了先秦儒家的政治、哲学和伦理思想，是研究先秦社会的重要资料。

《礼记》全书用记叙文写成，一些篇章具有相当的文学价值。有的用短小的生动故事表明某一道理，有的气势磅礴、结构谨严，有的言简意赅、意味隽永，有的擅长心理描写和刻画，书中还收有大量富有哲理的格言、警句，精辟而深刻。

《礼记》的内容比较庞杂，其中有关于《周礼》《仪礼》的研究论文，关于礼、乐的通论，也包括一些零散的逸礼。《礼记》中的名篇有《礼运》《学记》《大学》《中庸》《乐记》等。

《礼运》最著名的是乌托邦式的大同理想和小康社会，这不是纯正的儒学思想，很可能是儒家后学融合道家学说而成。又如"礼本于太一，分而为天地，转而为阴阳，变而为四时，列而为鬼神"，此等思想更接近于《易传》。

其中《学记》专论教育，如说"学然后知不足，教然后知困，知困而自强，则教学可以相长"等等，都是深刻而精警的教育格言。儒家重教化，一部分儒生就是"师儒"，这些理论就是他们的实践总结。

《乐记》论述乐理，内容包括乐的起源，乐与情感的关系，乐与政治的关系，乐与礼的分列等等。儒家礼乐并重，乐偏重于文学艺术，所以它又是一篇儒家艺术理论的专著。

《大学》《中庸》，宋代朱熹把它们同《论语》《孟子》合为四书，与五经并列，明清八股取士，题目就出于其中，其影响之大可想而知。《大学》有人说是曾子之作，实际上是秦汉之际的作品。格物、致知、正心、修身、齐家、治国、平天下这一套宋代理学家的理论就是从《大学》而发挥的。《中庸》相传为子思所作，同《大学》一样，也应该出秦汉之际的作品。它肯定"中庸"为最高道德行为标准，处理事情要不偏不倚，无过与不及。认为"诚者不勉而中，不思而得，从容中道，圣人也"，把"诚"看作世界的本体，并提出"博学之，审问之，慎思之，明辨之，笃行之"的学习过程与认识方法。《大学》是政治哲学，《中庸》是人生哲学。中国文化的内省自观，内圣外王品格的形成与这两篇文章有极大的关系。

中国素称"礼义之邦"，礼仪的丰富和具体实践构成了中国文化的一大景观。"礼不下庶人"，从天子到平民都有一套严格的规章制度。"非礼勿视，非礼勿听，非礼勿信，非礼勿动"，作为伦理道德和社会政治的统一规范，礼具有历史的稳定性、遗传性，不会因世事的变迁而丧失它的意义。汉代礼文化臻于完善，成为后世历代统治者移风易俗的工具，其无孔不入地渗透到日常生活中，起到了法律和武力不能替代的聚合力。礼还同节日风俗等相关联，如基督教的宗教节日一样，成为汉民族的盛会。然而，它又大大地约束了中国人的欲望追求，情感渲泄，自由浪漫风度，形成温柔敦厚的精神风貌。

《春秋》及《左传》《公羊传》《谷梁传》

《春秋》

《春秋》是鲁国的一部历史著作，儒称《春秋经》。一年分春夏秋冬四季，《春秋》错举四季之二，表示它是编年体的历史。《孟子·离娄》："晋之《乘》；楚之《梼杌》；鲁之《春秋》，一也。"墨子曾说："吾见百国《春秋》"。则各国之史，名目不同，《春秋》一名，可能比较通行。"百国《春秋》"一类的各国史书今已不传，唯鲁《春秋》犹存，《春秋》于是成了鲁史的专名。一说《春秋》之名寓有褒贬，春生秋杀是天道，以《春秋》为名是代王者作赏罚。又说鲁哀公十四年春获麟，孔子作《春秋》至九月书成，始于春终于秋，故题《春秋》。后二说皆穿凿之词。

孔子作《春秋》是今、古文派都承认的事实。《孟子·滕文公下》："世衰道微，邪说暴行有作，臣弑其君者有之，子弑其父者有之，孔子惧，作《春秋》。"孔子之作《春秋》，大致以鲁《春秋》为底本，又参校"百国《春秋》"修订而成。经孔子修订的《春秋》流行于世，旧的鲁史就称"不修《春秋》"。

《春秋》本是单独成书，后来合于《春秋》三传中。合于《左传》的是古文经。合于《谷梁传》和《公羊传》的是今文经。古文经十二篇，今文经十一篇。《春秋》以鲁国十二国君编年，每君一篇，共十二篇，今文经把在位仅二年的闵公附于庄公之后。所以是十一篇。古文经与今文经最大的不同在于，今文经止于哀公十四年"春西狩获麟"一条，而古文经直到哀公十六年"夏四月已丑孔丘卒"一条，不仅比今文经多两年，而且竟然记录了孔子死的月日。孔子怎么会准确预知自己的死期而且事先记录下来呢？所以古文经多出来的二年文字，实属狗尾续貂。

《春秋》是中国第一部编年体史书，以鲁史为主，杂记周天子及诸侯国的大事，上起隐公元年，下至哀公十四年（公元前722～公元前481年），所记之事都极其简略，类似历史大事年表。然《春秋》简而有法，孔子说："知我者其惟《春秋》乎，罪我者其惟《春秋》乎！"他借此尊王攘夷，正名定分寓褒贬，别善恶，明是非，但写得隐晦含蓄，这就是"春秋笔法"或"春秋书法"。例如《春秋·襄公二十五年记》"齐崔杼弑其君"，言弑而不言杀就是以下犯上的意思。《春秋·襄公三十一年》记"莒人弑其君密州"，意思是密州为莒人所共弃，"国人皆曰可杀"。正因为《春秋》简短的语词中隐含了孔子的政治思想，所以后来就有专门解释其微言大义的解经之"传"。

《左传》《公羊传》《谷梁传》合称"《春秋》三传"。据《汉书·艺文志》所载，《春秋》还有《邹氏传》和《夹氏传》，后世无传。

《左传》

《左传》是中国古代一部叙事详尽的编年本史书，共三十五卷。《左传》全称《春秋左氏传》，原名《左氏春秋》，汉朝时又名《春秋左氏》《左氏》。汉朝以后才多称《左传》，是为《春秋》作注解的一部史书，与《公羊传》《谷梁传》合称"春秋三传"。《左传》既是一部史学名著，又是一部战略名著。《左传》的作者，司马迁和班固都证明是左丘明，这是目前最为可信的史料。

主要内容

《左传》是记录春秋时期社会状况的重要典籍。取材于王室档案、鲁史策书、诸侯国史等。记事基本以《春秋》鲁十二公为次序，内容包括诸侯国之间的聘问、会盟、征伐、婚丧、篡弑等，对后世史学、文学都有重要影响。主要记录了周王室的衰微，诸侯争霸的历史，对各类礼仪规范、典章制度、社会风俗、民族关系、道德观念、天文地理、历法时令、古代文献、神话传说、歌谣言语均有记述和评论。

晋范宁评"春秋三传"的特色说："《左氏》艳而富，其失也巫（指多叙鬼神之事）。《谷梁》清而婉，其失也短。《公羊》辩而裁，其失也俗。"当然，这只是一家之言。

历史价值

《左传》是研究先秦历史和春秋时期历史的重要文献，它代表了先秦史学的最高成就，对后世的史学产生了很大影响，特别是对确立编年体史书的地位起了很大作用。它补充并丰富了《春秋》的内容，不但记鲁国一国的史实，而且还兼记各国历史；不但记政治大事，还广泛涉及社会各个领域的"小事"；一改《春秋》流水账式的记史方法，代之以有系统、有组织的史书编纂方法；不但记春秋时史实，而且引征了许多古代史实。这就大大提高了《左传》的史料价值。

叙述方式

作为编年史，《左传》的情节结构主要是按时间顺序交代事情发生、发展和结果。但倒叙和预叙手法的运用，也是其叙事的重要特色。

倒叙就是在叙事过程中回顾事件的起因，或者交代与事件有关的背景等。如"宣公三年"先记载了郑穆公兰之死，然后回顾了他的出生和命名：其母梦见天使与之兰，怀孕而生穆公，故名之兰。

《左传》中还有插叙和补叙，性质作用与倒叙类似。这些叙述，常用一个"初"字领起。预叙即先叙出将要发生的事，或预见事件的结果。

《左传》以第三人称作为叙事角度，作者以旁观者的立场叙述事件，发表评论，视角广阔灵活，几乎不受任何限制。个别段落中，作者也从事件中人物的角度，来叙述正在发生的事件及场景。如写鄢陵之战"楚子登巢车以望晋师"中阵地的情况，完全是通过楚子和伯州犁的对话展示出来的。(成公十六年)

《公羊传》《谷梁传》的"文章"

《公羊传》的文章，既喜用问答之辞，以发《春秋》经文之义，如上节所述；又喜用重叠之句，以显其峭刻之奇。例如，它传《宋人及楚人平》一事；全文差不多只有四百许字，其中称"司马子反"的，凡有八次之多；又一再说："将去而归尔"，"然后归尔"，"臣请归尔"，"吾亦从子而归尔"，又三书"军有七日之粮尔"，凡用"尔"字，竟有九次之多；然而吾人读之，并不觉它的繁复。总之，《公羊传》中的文字，像这样的地方很多，而其"清刻峭利"，则非他人所能及得的。

《谷梁传》的流传，是晚出于汉世；就因为它晚出，便得兼省左氏、公羊两家的违畔，而加之以改正。至于它那"精深远大"的地方，真是得之于子夏所传。不过它的文笔，很有许多和《公羊传》相类似之处，所以宋儒朱子疑《公》《谷》二"传"，是出于一人之手的！

《春秋》三传的"总评"

总论《春秋》三传，可用两个意义来包括它：

有"训诂"之传，是主于"释经"的，例如《公羊》《谷梁》二"传"是；有"记载"之传，是主于"纪事"的，例如《左氏传》是。总之，"三传"之于《春秋》，皆有得于《春秋》的经文，而亦有缺失之处。今分引古人评论"三传"的见解，一一记录于下：

1. "《左传》善于'礼'，《公羊》善于'谶'，《谷梁》善于'经'。"——这是郑康成对于"三传"批评的见解。

2. "《左传》艳而富，其失也'诬'；《谷梁》清而婉，其失也'短'；《公羊》辨而裁，其失也'俗'。"——这是范武子对于"三传"批评的见解。

3. "《左传》之义，有'三长'；'二传'之义，有'五短'。"——这是刘知几《史通》中，对于"三传"批评的见解。

4. "《左氏》拘于'赴告'，《公羊》牵于'谶纬'，《谷梁》窘于'日月'。"——这是刘原父对于"三传"批评的见解。

5. "《左传》失之'流'，《公羊》失之'险'，《谷梁》失之'迁'。"——这是崔伯直对于"三传"批评的见解。

6. "《左传》之失，'专而纵'；《公羊》之失，'杂而拘'；《谷梁》不纵不拘，而'失之随'。"——这是晁以道对于"三传"批评的见解。

7. "事莫备于《左传》，例莫明于《公羊》，义莫精于《谷梁》；或失之'诬'，或失之'乱'，或失之'凿'。"——这是胡文定对于"三传"批评的见解。

8. "《左传》传事不传义，是以详于史，而'事未必实'；《公羊》《谷梁》，传义不传事，是以详于经，而'义未必当'。"一这是叶少蕴对于"三传"批评的见解。

9. "《左传》史学，'事详而理差'；《公羊》经学，'理精而事误'。"——这是朱文公对于"三传"批评的见解。

总之，《左传》《公羊》《谷梁》三家之'传'，各有它的所长，也各有它的所短。学之者，应当取其所长，舍其所短，庶几乎能得圣人之心了！

《孝经》《大学》《中庸》

《孝经》

《孝经》中国古代儒家的伦理学著作。有人说是孔子自作，但南宋时已有人怀疑是出于后人附会。清代纪昀在《四库全书总目》

中指出，该书是孔子"七十子之徒之遗言"，成书于秦汉之际。自西汉至魏晋南北朝，注解者及百家。现在流行的版本是唐玄宗李隆基注，宋代邢昺疏。全书共分18章。

该书以孝为中心，比较集中地阐发了儒家的伦理思想。它肯定"孝"是上天所定的规范，"夫孝，天之经也，地之义也，人之行也。"书中指出，孝是诸德之本，"人之行，莫大于孝"，国君可以用孝治理国家，臣民能够用孝立身理家，保持爵禄。《孝经》在中国伦理思想中，首次将孝亲与忠君联系起来，认为"忠"是"孝"的发展和扩大，并把"孝"的社会作用绝对化神秘化，认为"孝悌之至"就能够"通于神明，光于四海，无所不通"。

《孝经》对实行"孝"的要求和方法也作了系统而繁琐的规定。它主张把"孝"贯串于人的一切行为之中，"身体发肤，受之父母，不敢毁伤"，是孝之始；"立身行道，扬名于后世，以显父母"，是孝之终。它把维护宗法等级关系与为封建专制君主服务联系起来，主张"孝"要"始于事亲，中于事君，终于立身"，并按照父亲的生老病死等生命过程，提出"孝"的具体要求："居则致其敬，养则致其乐，病则致其忧，丧则致其哀，祭则致其严"。该书还根据不同人的等级差别规定了行"孝"的不同内容：天子之"孝"要求"爱敬尽于其事亲，而德教加于百姓，刑于四海"；诸侯之"孝"要求"在上不骄，高而不危，制节谨度，满而不溢"；卿大夫之"孝"则在"上不骄，高而不危，制节谨度，满而不溢"；卿大夫之"孝"则一切按先王之道而行，"非法不言，非道不行，口无择言，身无择行"；士阶层的"孝"是忠顺事上，保禄位，守祭祀；庶人之"孝"应"用天之道，分地之利，谨身节用，以养父母"。

《孝经》还把封建道德规范与封建法律联系起来，认为"五刑之属三千，而罪莫大于不孝"；提出要借用国家法律的权威，维护封建的宗法等级关系和道德秩序。

《孝经》在唐代被尊为经书，南宋以后被列为"十三经"之一。在长期的封建社会中它被看作是"孔子述作，垂范将来"的经典，对传播和维护封建纲常起了很大作用。

《大学》

《大学》原为《礼记》第四十二篇。宋朝程颢、程颐兄弟把它从《礼记》中抽出，编次章句。朱熹将《大学》《中庸》《论语》《孟子》合编注释，称为《四书》，从此《大学》成为儒家经典。至于《大学》的作者，程颢、程颐认为是"孔氏之遗言也"。朱熹把《大学》重新编排整理，分为"经"一章，"传"十章。认为，"经一章盖孔子之言，而曾子述之；其传十章，则曾子之意而门人记之也。"就是说，"经"是孔子的话，曾子记录下来；"传"是曾子解释"经"的话，由曾子的学生记录下来。

《大学》为"初学入德之门也"。经一章提出了明明德、亲民、止于至善三条纲领，又提出了格物、致知、诚意、正心、修身、齐家、治国、平天下八个条目。八个条目是实现三条纲领的途径。在八个条目中，修身是根本的一条，"自天子以至于庶人，壹是皆以修身为本"。十章分别解释明明德、亲民、止于至善、本末、格物、致知、诚意、正心、修身、齐家、治国、平天下。明明德是指弘扬光明正大的品德。亲民是指让人们革旧图新。止于至善是指要达到最好的境界。本末是指做事要分清主次，抓住根本。格物、致知是指穷究事物的原理来获得知识。诚意就是"勿自欺",不要"掩其不善而著其善"。正心就是端正自己的心思。修身就是加强自身修养,提高自身素质。齐家就是管理好自己的家庭、家族。治国、平天下是谈治理国家的事。怎样治理国家呢? 首先要做表率; 自己讨厌的,不加给别人; 要得众、慎得、生财、举贤。"得众则得国,失众则失国";"有德此有人,有人此有土,有土此有财"; 见贤能举,举而能先。《大学》寄托了古人内圣外王的理想。

《中庸》

《中庸》简介

《中庸》原是《小戴礼记》中的一篇。作者为孔子后裔子思,后经秦代学者修改整理。它也是中国古代讨论教育理论的重要论著。

《中庸》是被宋代学人提到突出地位上来的,宋代探索中庸之道的文章不下百篇,但最早探索《中庸》的并非儒生,而是卒于宋真宗乾兴元年的方外之士——释智圆。智圆之后,司马光则是宋儒中论中庸较早的一个。后来北宋程颢、程颐极力尊崇《中庸》。南宋朱熹又作《中庸章句》,并把《中庸》和《大学》《论语》《孟子》并列称为"四书"。宋、元以后,《中庸》成为学校官定的教科书和科举考试的必读书,对古代教育产生了极大的影响。

中庸就是既不善也不恶的人的本性。从人性来讲,就是人性的本原,人的根本智慧本性。实质上用现代文字表述就是"临界点",这就是难以把握的"中庸之道"。人性的不善也不恶的本性,从临界点向上就是道；向下就是非道。向上就是善；向下就是恶。

《中庸》的主题思想

　　中庸的中心思想是儒学中的中庸之道，它的主要内容并非现代人所普遍理解的中立、平庸，其主旨在于修养人性。其中包括学习的方式：博学之，审问之，慎思之，明辨之，笃行之。也包括儒家做人的规范如"五达道"（君臣也，父子也，夫妇也，兄弟也，朋友之交也）和"三达德"（智、仁、勇）等。中庸所追求的修养的最高境界是至诚或称至德。

　　中庸之道的主题思想是教育人们自觉地进行自我修养、自我监督、自我教育、自我完善，把自己培养成为具有理想人格，达到至善、至仁、至诚、至道、至德、至圣、合外内之道的理想人物，共创"致中和天地位焉万物育焉"的"太平和合"境界。

　　这一主题思想主要体现在《中庸》第一章。

　　"天命之谓性，率性之谓道，修道之谓教。"言简意赅地揭示了中庸之道这一主题思想的核心是自我管理。此《中庸》之性不等同于《孟子》之性。"天命之谓性"是指天命也属于人性；"率性之谓道"是说要自我管理而不是放纵本性；"修道之谓教"是说改善自我的仁道就是儒教〔聂文涛谈《中庸》〕。

　　"道也者，不可须臾离也，可离非道也。是故君子戒慎乎其所不睹，恐惧乎其所不闻。莫见乎隐，莫显乎微。故君子慎其独也。"自我教育贯穿于人一生之中，人们一刻也离不开自我教育。要将自我教育贯穿于人生的全部过程，就需要有一种强有力的自我约束、自我监督的精神。这种精神就叫做慎独。也就是说，在自己一人独处的情况下，别人看不到自己的行为、听不见自己的言语，自己也能谨慎地进行内心的自我反省、自我约束、自我监督。

"喜怒哀乐之未发谓之中，发而皆中节谓之和。"揭示了自我教育、自我约束、自我监督的目标。"中也者，天下之大本也；和也者，天下之达道也。"指出了自我教育目标的重大意义。"致中和，天地位焉，万物育焉。"是歌颂达到自我教育的理想目标后的无量功德，也就是具备至仁、至善、至诚、至道、至德、至圣的品德后的效应。中和是自我价值的实现，致中和是社会价值的体现。

宋朝临江黎立武著《中庸分章》分析《中庸》第一章时也对中庸作了极高的评价。他说："中庸之德至矣，而其义微矣。首章以性、命、道、教，明中庸之义；以戒惧谨独，明执中之道；以中和，明体用之一贯；以位育，明仁诚之极功。"

朱熹对这一章也有极高的评价。他在《中庸章句》中说："右第一章。子思述所传之意以立言：首明道之本原出于天而不可易，其实体备于己而不可离，次言存养省察之要，终言圣神功化之极。盖欲学者于此反求诸身而自得之，以去夫外诱之私，而充其本然之善。杨氏所谓一篇之本要是也。"

《论语》

简介

《论语》是一部记载古人"言行"的书，按《汉书·艺文志》说："《论语》者，孔子应答弟子时人，及弟子相与言，而接闻于夫子之语也。当时弟子，各有所记；夫子既卒，门人相与辑而论纂，故谓之'论语'。"是则《论语》的所以造作，盖当时夫子既终，圣人之"微言"已绝；门人弟子，恐怕离居以后，各生异见，而圣人的言论，将从此永久泯灭，故相与论撰；因探录一切时贤及古明王的言语，合成一法，而称它为《论语》的。

《论语》的来历，大概是如上所述。但是"论语"二字的命名，究竟有什么意义呢？据郑康成说："《论语》，为仲弓、子游、子夏等撰定。'论者：纶也，轮也，理也，次也，撰也。'以此书可以经纶世务，故曰'纶'也；圆转无穷，故曰'轮'也；蕴含万理，故曰'理'也；篇章有序，故曰'次'也；群贤集定，故曰'撰'也。"这是说"论"字的意义如此。至于"语"字又作怎样解呢？则据郑康成《周礼》注，说是："答述曰'语'，以此书所载，皆仲尼应答弟子及时人之辞，故曰语。""语"何以又在"论"字之下呢？这是说必经"论撰"，然后载之，以示"非妄谬之言"。又因它以口相传授，所以经焚书而独存！《论语》的"定名"既明，今请再述《论语》的"传统"。按之汉世，传《论语》之学的，凡有三家，分举如下：

一曰《鲁论》。《鲁论》者，其学为鲁人所传，凡二十篇，即现今所行的"篇次"是。汉夏侯建、韦贤、萧望之等传之，都各自名家。

二曰《齐论》。《齐论》者，其学为齐人所传，较《鲁论》多《问王》《知道》两篇，凡二十二篇。便是它那二十篇中，章句也颇多于《鲁论》。汉王吉、贡禹、五鹿充宗等传之，于中惟王吉名家。

三曰《古论语》。《古论语》者，出自孔氏壁中，凡二十一篇，

有两《子张》。——所谓两《子张》者，便是分《论语》末篇《尧
曰章》后"子张问何如可以从政？"别成为一章，名曰《从政》。
此与《子张》第十九章名相重，故曰两《子张》——它的篇次，
也不和《鲁论》《齐论》相同。有孔安国为之传，后汉马融为
之疏。

　　以上是《论语》三家相传的概状。自张禹先受《鲁论》于夏
侯建，又从王吉受《齐论》，他便合二家之学，择善而从，定为
《张侯论》，最后而行于汉世。至后汉郑康成，又就《鲁论》的篇
章，考之于《齐论》《古论》，并为之注释，于是三论始合而为一。
其后魏国何晏，再集孔安国、马融、郑康成、陈群、王肃之说，加
以己意，而为之"集解"，正始中，上之魏帝，由是《论语》遂盛
行于世，为现今的"定本"。所以《唐书·艺文志》中，已不载
《齐论》《鲁论》的篇目了！

《论语》的"篇次"与其"文章"

　　《论语》的篇次，自《学而》起，至《尧曰》止，凡二十篇。
今历举各篇的"名称"，及其"大义"于下：

《学而》

　　《论语》所以列《学而》为"第一"者，以明凡人必须"为
学"之义。宋邢昺疏："此篇：论君子孝弟，仁人忠信；道国之法，
主友之规；闻政在乎行德，由礼贵于用和；无求安饱以好学，能自
切磋而乐道；皆'人行'之大者，故为诸篇之先。"

《为政》

凡人必先学，而后可以"从政"，故《为政》次于《学而》。宋邢昺疏："《左传》曰：'学而后入政'，故次前篇也。此篇所论：孝敬信勇，为政之德也；圣贤君子，为政之人也。故以《为政》冠于章首。"

《八佾》

宋邢昺疏："前篇论'为政'。为政之善，莫善'礼乐'；礼以安上治民，乐以移风易俗，得之则安，失之则危，故此篇论'礼乐'得失也。"

《里仁》

里，犹邻也。言君子择邻而居，居于仁者之里。宋邢昺疏："此篇，明'仁'。仁者，善行之大名也。君子'体仁'，必能'行礼乐'，故以次前也。"

《公冶长》

宋邢昺疏："此篇大指，明贤人君子，仁知刚直。以前篇择仁者之里而居，故得学为君子；即下云：'鲁无君子，斯焉取斯?'是也，故次《里仁》。"

《雍也》

宋邢昺疏："此篇：亦论贤人君子入仁，知'中庸'之德，大抵与前相类，故以次之。"

《述而》

宋邢昺疏："此篇：皆明孔子之'志行'也。以前篇论贤人君子，及仁者之德行；成德有渐，故以圣人次之。"

《泰伯》

宋邢昺疏："此篇：论礼让仁孝之德，贤人君子之风；劝学立身，守道为政；叹美正乐，鄙薄小人；遂称尧、舜，及禹、文王、武王。以前篇论孔子之'行'，此篇，首末载圣贤之'德'，故以为次也。"

《子罕》

宋邢昺疏："此篇：皆论孔子之'德行'也。故以次泰伯，尧、禹之至德。"

《乡党》

宋邢昺疏："此篇：惟记孔子在鲁国'乡党中言行，，故分之以次前篇也。此篇虽曰一章，其间事义，亦以类相从。"

《先进》

宋邢昺疏："前篇：论夫子在乡党，'圣人之行'也。此篇：论'弟子贤人之行'，圣贤相次，亦其宜也。"

《顾渊》

宋邢昺疏："此篇：论仁政明达，君臣父子，辨惑折狱，君子文为，皆'圣贤之格言'，'仕进之阶路'，故次《先进》也。"

《子路》

宋邢昺疏："此篇：论善人君子，为邦教民；仁政孝弟，中行常德；皆'治国修身'之要，与前篇相类。且回也入室，由也升堂，故以为次也。"

《宪问》

宋邢昺疏："此篇：论三王五霸之迹，诸侯大夫之行；为人知耻，修己安民，皆'政之大节'也。故以类相聚，次于《宪问》也。"

《卫灵公》

宋邢昺疏："此篇　记孔子先礼后兵，去乱就治；并明忠信仁知，劝学为邦；无所毁誉，必察好恶；志士君子之道，事君相师之仪；皆'有耻且格'之事，故次前篇也。"

《季氏》

宋邢昺疏："此篇：论天下无道，政在大夫；故孔子陈其正道，扬其衰失，称损益以教人，举诗礼以训子，明君子之行，正夫人之名。以前篇首章，记灵公'失礼'；此篇首章，记季氏'专恣'，故以次之也。"

《阳货》

宋邢昺疏："此篇：论陪臣专恣；因明性习知愚，礼乐本末；

六蔽之恶，二南之美；君子小人，为行各界；今之与古，其疾不同。以前篇首章，言'大夫之恶'；此篇首章，记'家臣之乱'，尊卑之差，故以相次也。"

《微子》

宋邢昺疏："此篇：论天下无道，礼坏乐崩；君子仁人，或去或死；否则隐岩野，周流四方。因记周公戒鲁公之语，四乳生八士之名。以前篇言群小在位，则必致'仁人失所'，故以此篇次之。"

《子张》

宋邢昺疏："此篇：记士行交情，仁人勉学；或接闻夫子之语，或辩扬圣师之德；以其皆'弟子所言'，故差次诸篇之后。"

《尧曰》

宋邢昺疏："此篇：记'二帝''三王'及孔子之语，兼明天命政化之美；皆是圣人之道，可以'垂训将来'，故以殿诸篇，非相次也。"

上述《论语》二十篇的"名称"和"次第"，都是依《鲁论》之旧的。当弟子论撰的时候，以《论语》为此书的"大名"，《学而》以下，为当篇的"小目"；它篇中所载，各记旧闻，意及则言，不为义例，或也有以类相从的。《论语》各篇的"名称""次第"和"大义"，大概如此。王肃《家语序》说："《家语》《论语》并时，弟子取其'正实切事'者，别出为《论语》。"总之，是书乃集记孔子之"嘉言善行"而成的，其撰定是书者，乃仲弓、游、夏之徒，故能列入于经籍。

至于《论语》的"文章"，真是"精深简当"，为周末文字中最"高古的作品"。不但《左氏》《国语》，有所不及，便是《礼记》中的《檀弓》，也没有它那样的"简炼"。其间除了这些短章小节外，若《季氏将伐颛臾章》《颜渊季路曾皙公西华侍章》，篇幅较长，而为千古传诵之文。陈骙著《文则》一书，中引《孟子反》一段，及《裨谌草创》一段，都指为《左》《国》所不及者。盖孔子所谓："辞，达而已矣！"这一句话，实为文章的止境了！

《孟子》

简介

《孟子》一书是孟子的言论汇编，由孟子及其弟子共同编写而成，记录了孟子的语言、政治观点（仁政、王霸之辨、民本、格君心之非，民贵君轻）和政治行动，属儒家经典著作。其学说出发点为性善论，提出"仁政""王道"，主张德治。

《孟子》有七篇十四卷传世：《梁惠王》上、下；《公孙丑》上、下；《滕文公》上、下；《离娄》上、下；《万章》上、下；《告子》上、下；《尽心》上、下。

东汉人赵岐在逃难避祸期间为它作注，开创了一章一注的先例。后人很看重这本《孟子章句》。宋代龙图阁学士孙奭用赵岐注作疏。后来朱熹撰《孟子集注》收在《四书章句集注》中。清人焦循以赵岐注为主，广搜前人的研究成果著《孟子正义》。这是近代以前研究《孟子》著作中最完备、最权威的著作。

思想简介

　　孟子生活在诸侯之间战乱频仍、游说之士朝秦暮楚、纵横捭阖的战国中期，目睹了统治者的残暴嗜杀和人民的颠沛流离，因此他极力提倡"法先王"，"行仁政"的主张，目的是站在统治阶级立场来缓和阶级矛盾。但许多统治者并不采纳他的建议，一意孤行。于是他说：如果统治者是"独夫民贼"，那么人民杀死他也是应该的！甚至提出了"民为贵，社稷次之，君为轻"的民本主义口号。但他毕竟是统治阶级中的一员，所以认为天子、诸侯、大夫都是君子、大人；劳动人民则是小人、野人。"无君子莫治野人，无野人莫养君子。"《孟子》一书深刻地反映了他思想中的矛盾。

　　孟子在先秦诸子中是一位感觉敏锐、经验丰富、学识渊博、勇气十足的雄辩家。他说自己并非爱辩论而是出于不得已。从文学角度看，他的文章气魄雄健，语气流转，有如江河决堤般势不可挡。他还擅长于比喻，如揠苗助长、攘鸡、鱼我所欲也、五十步笑百步、齐人有一妻一妾等都意味深长。引人入胜。孟子还强调"存心养性"，在"性善说"的基础上提倡"吾养吾浩然正气"，做到"富贵不能淫，贫贱不能移，威武不能屈"。对形成中华民族精神产生巨大影响。

　　《孟子》一书非常重视教育环境和环境教育，在教育方法上强调艰苦锻炼的作用，他说："天降大任于斯人，必先苦其心志，劳其筋骨，饿其体肤，空乏其身，行拂乱其所为，所以动心忍性，增益其所不能。"这段话在培养造就优秀人才方面产生了极为深远的影响。他反对"一曝十寒"和"自暴自弃",提倡持之以恒。他以掘井为例,说已经挖八九尺深但还未见到水就停工了,尽管可能只差半尺就大功告成,但还是前功尽弃。这些观点仍有现实教育意义。

经部典籍除十三经之外,尚有文字学、训诂学、音韵方面的著作。如"五经无双"的许慎所撰的《说文解字》及历代学者对它的注解之作;唐代博士陆德明所撰的《经典释文》、清代阮元的《经籍纂诂》、王引之的《经传释词》;以及宋代陈彭年的《广韵》、丁度的《集韵》、清人的《佩文韵府》等书,都是阅读古代典籍的重要工具书。

《尔雅》

简介

《尔雅》是中国最早的一部解释词义的书,是中国古代最早的词典。《尔雅》也是儒家的经典之一,列入十三经之中。其中,"尔"或作"迩"是"接近"、"走近"的意思;"雅"字从牙从隹,"牙"指前排上下齿,用于咬文嚼字;"隹"原指尖嘴鸟,在此表示"锥形";"牙"与"隹"联合起来表示"锥形牙",即"犬齿"。古人视犬齿为"基准牙",故"雅"有"基准""标准"的意思,通"正"。"雅言"就是古代的官方语言,就是标准语、规范语。"尔雅"就是"使人们的语言接近标准"之意。《尔雅》

是后代考证古代词语的一部著作。

《尔雅》被认为是中国训诂的开山之作，在训诂学、音韵学、词源学、方言学、古文字学方面都有着重要影响，其中的今话是汉代的话。

《尔雅》是我国第一部按义类编排的综合性辞书，是疏通包括五经在内的上古文献中词语古文的重要工具书。

由于《尔雅》在文字训诂学方面的巨大贡献，自它以后的训诂学、音韵学、词源学、文字学、方言学乃至医药本草著作，都基本遵循了它的体例。后世还出了许多仿照《尔雅》写的著作，被称为"群雅"，由研究《尔雅》也产生了"雅学"。

关于作者

《尔雅》最早著录于《汉书·艺文志》，但未载作者姓名。它的作者历来说法不一。有的认为是孔子门人所作，有的认为是周公所作，后来孔子及其弟子作过增补。后人大都认为是秦汉时人所作，经过代代相传，各有增益，在西汉时被整理加工而成。大约是秦汉间的学者，缀辑春秋战国秦汉诸书旧文，递相增益而成的。

《西京杂记》：郭威，字文伟，茂陵人也，好读书，以谓尔雅，周公所制。而尔雅有张仲孝友。张仲，宣王时人，非周公之制，明矣。余尝以问杨子云（扬雄字子云），子云曰：孔子门徒游夏之俦所记（俦音酬，辈也。游，子游。夏，子夏），以解释六艺者也。家君以为外戚传称：史佚教其子以尔雅。尔雅，小学也。又《记》言：孔子教鲁哀公学尔雅。尔雅之出，远矣。旧传学者，皆云周公所记也。张仲孝友之类，后人所足耳。

主要内容

《尔雅》全书收词语四千三百多个，分夭二千零九十一个条目。这些条目按类别分为"释诂""释言""释训""释亲""释宫""释器""释乐""释天""释地""释丘""释山""释水""释草""释木""释虫""释鱼""释鸟""释兽"等十九篇。

这十九篇的前三篇与后十六篇有显著的区别，可以分成两大类。前三篇，即"释诂""释言""释训"解释的是一般语词，类似后世的语文词典。例如：

如、适、之、嫁、徂、逝，往也。（释诂）

克，能也。（释言）

明明，斤斤，察也。（释训）

其中"释诂"是解释古代的词，它把古已有之的若干个词类聚在一起，作为被训释词，用一个当时通行的词去解释它们。"释言"是以字作为解释对象，被训释词大多只有一两个。"释训"专门解释描写事物情貌的叠音词或联绵词。尽管作为语文词典来说，它的注释过于笼统，许多条目仅仅是同义词表，但是远在公元前 2 世纪就能产生出这样的著作，就是在世界词书编纂历史上也堪称第一了。

《尔雅》后十六篇是根据事物的类别来分篇解释各种事物的名称，类似后世的百科名词词典。其中"释亲'"释宫""释器"、"释乐"等 4 篇解释的是亲属称谓和宫室器物的名称。

第二章　史部（上）

《史记》

简介

　　《史记》是中国的一部纪传体通史。被人们称为"信史"。由西汉武帝时期的司马迁花了 18 年的时间所写成的。全书共一百三十卷，约五十二万六千五百字，有十表、八书、十二本纪、三十世家、七十列传，记载了上起中国上古传说中的黄帝时代（约公元前 3000 年）下至汉武帝元狩元年（公元前 122 年）共三千多年的历史。它包罗万象，而又融会贯通，脉络清晰，"王迹所兴，原始察终，见盛观衰，论考之行"（《太史公自序》），所谓"究天人之际，通古今之变，成一家之言"，详实地记录了上古时期举凡政治、经济、军事、文化等各个方面的发展状况。

　　史记是伟大的名著，它反映了我国汉以前三千年间政治、经济、文化各方面的发展过程。司马迁继承并发展了汉以前各种史书的优点，建立了全新的体系。司马迁作《史记》善于突出人物的性格特征，通过人物的言行来表现人物，所用语言生动形象，繁简得当。司马迁在运用口语上的努力，也值得注意。

《史记》是历史上第一本"纪传体"史书，它不同于前代史书所采用的以时间为次序的编年体，或以地域为划分的国别体，而是以人物传记为中心来反映历史内容的一种体列。从此以后，从东汉班固的《汉书》到民国初期的《清史稿》，近两千年间历代所修正史，尽管在个别名目上有某些增改，但都绝无例外地沿袭了《史记》的本纪和列传两部分，而成为传统。同时，《史记》还被认为是一部优秀的文学著作，在文学史上有重要地位，具有极高的文学价值，被鲁迅誉为"史家之绝唱，无韵之离骚"。

内容

《史记》分本纪、表、书、世家、列传五部分。

本纪

昔汲冢《竹书》，称为《纪年》；《吕氏春秋》，始创立为"纪"号。盖所谓"纪"者，是说用以纲纪庶品、网罗万物的，篇目之大，莫过于此了！自司马迁著《史记》，列天子的行事，以"本纪"二字名其篇，于是后世"史家"因之，守而无失。

世家

古代自有"王者"，于是便设置诸侯，列以五等的爵位，环以万国的君主，而全国的规模以具。自周平王东迁以后，王室大坏，因此一切礼乐征伐的事情，都出于诸侯。到了末世，分为"七雄"，诸侯的势力，格外强大。司马迁记载诸国，他编次之体，和"本纪"没有什么差别，不过要抑彼诸侯，使之异乎天子，故假以他种名称，而名为"世家"。

列传

"纪传"的兴起，是始于《史》《汉》两书。"纪"者，"编年"也；"传"者，"列事"也。"编年"者，历记帝王的岁月，犹《春秋》的"经"；"列事"者，述录人臣的行状，犹《春秋》的"传"。《春秋》，是用"传"以解"经"的；《史记》，则用"传"以释"纪"的，这是吾国"史学"上的"两大宗派"。

年表

《史记》之创"年表"，盖根深于古书的"谱牒"的建名，起于周代。"年表"之作，便因"谱牒"以象形的。故君山桓谭氏（东汉人）有曰："太史公《三代世表》，旁行斜上，并效'周谱'"，这是它的明证。

书志

记载一国的刑法、礼乐、风土、山川，求诸古代的文籍，盖出于"三礼"。及司马迁、班固等史，别创"书志"之体，考其所记，多是仿效《礼经》的。且"纪传"之外，还有所不能尽的，而只字片文，往往可于此中一一备录，语其通博，这真是作者的"渊海"咧！

以上所述五条，这是说太史公《史记》中的"本纪""世家""列传""书""表"等，都能"本之于经"而自创为"体例"的。

关于作者

司马迁（公元前 145 年—约公元前 90 年），字子长，夏阳（今陕西韩城）人，一说龙门（今山西河津）人。西汉史学家、文学家、思想家，早年从董仲舒学《春秋》，从孔安国学《尚书》。《汉书·艺文志》著录有《司马迁赋》八篇；《隋书·经籍志》有《司马迁集》一卷。

其父司马谈为太史令，学问渊博，曾"学官于唐都，受易于杨何，习道论于黄子"，早年司马迁在故乡过着贫苦的生活，十岁开始读古书，学习十分认真刻苦，遇到疑难问题，总是反复思考，直到弄明白为止。二十岁那年，司马迁从长安出发，到各地游历。后来回到长安，作了郎中。他几次同汉武帝出外巡游，到过很多地方。三十五岁那年，汉武帝派他出使云南、四川、贵州等地。他了解到那里的一些少数民族的风土人情。他父亲司马谈死后，元封三年（公元前 108 年），司马迁接替做了太史令。太初元年（公元前 104 年），与天文学家唐都等人共订"太初历"。同年，开始动手编《史记》。天汉二年（公元前 99 年），李陵出击匈奴，兵败投降，汉武帝大怒。司马迁为李陵辩护，得罪了汉武帝，获罪被捕，被判宫刑。"人固有一死，或重于泰山，或轻于鸿毛，用之所趋异也。"（《报任安书》）为了完成父亲遗愿，完成《史记》，留与后人，含垢忍辱忍受腐刑。公元前 96 年（太始元年）获赦出狱，做了中书令，掌握皇帝的文书机要。他发愤著书，全力写作《史记》，大约在他五十五岁那年终于完成了全书的撰写和修改工作。

传播

司马迁创作的《史记》比较广泛地传播流行，大约是在东汉中期以后。成为司马迁著作的专称，也开始于这个时候。据现知材料考证，最早称司马迁这部史著为《史记》的，是东汉桓帝时写的《东海庙碑》。在这以前，《史记》都称为《太史公书》《太史公记》或简称《太史公》。

《史记》有两部，一部在司马迁的工作场所（宫廷）；副本在家中。在汉宣帝时期，司马迁的外孙杨恽开始把该书内容向社会传播，但是篇幅流传不多，很快就因为杨恽遇害中止。

《史记》成书后，由于它"是非颇谬于圣人，论大道则先黄老而后六经，序游侠则退处士而进奸雄，述货殖则崇势利而羞贱贫，此其所蔽也。"（《汉书·司马迁传》），被指责为对抗汉代正宗思想的异端代表。因此，在两汉时，《史记》一直被视为离经叛道的"谤书"，不但得不到应有的公正评价，而且当时学者也不敢为之作注释。

在西汉即使诸侯都没有全版的《太史公书》，东平王向朝廷要求赏赐宫廷中的《太史公书》也遭到拒绝。因为《史记》中有大量宫廷秘事，西汉严禁泄露宫廷语，因此只有宫廷人员才能接触到该书。汉宣帝时褚少孙在宫廷中阅读该书，其中已经有些篇幅不对宫廷官员开放，到班固父子时，宣称缺少了十篇，班固家被皇室赐予《太史公书》副本，其中也少了十篇。

东汉朝廷也曾下诏删节和续补《史记》。《后汉书·杨终传》云，杨终"受诏删《太史公书》为十余万言"。表明东汉皇室依然不愿全部公开《史记》，只让杨终删为十多万字发表。被删后仅十余万言的《史记》，在汉以后即失传，以后一直流传的是经续补的《史记》。

汉晋时期对《史记》也有一些积极的评价，西汉刘向、扬雄"皆称迁有良史之材，服其善序事理，辨而不华，质而不俚，其文直，其事核，不虚美，不隐恶，故谓之实录'。（《汉书·司马迁传》）西晋华峤也说："迁文直而事核。"（《后汉书·班彪传论》。据李贤注，此句为"华峤之辞"。）在晋代，也有人从简约的角度夸奖《史记》。张辅说："迁之著述，辞约而事举，叙三千年事唯五十万言。"（《晋书·张辅传》）这些评价虽然不错，但在今天看来，却还远不足以反映出《史记》的特殊地位，因为得到类似评价的史书并不止《史记》一家。如《三国志》作者陈寿，"时人称其善叙事，有良史之才。"（《晋书·陈寿传》）南朝刘勰说"陈寿三志，文质辨恰。"（《文心雕龙·史传》）华峤所撰《后汉书》在西晋也颇受好评，时人以为"峤文质事核，有迁固之规，实录之风"。（《晋书·华峤传》）至于说到简约，那也不是《史记》独有的，如"孙盛《阳秋》，以约举为能"，（《文心雕龙·史传》）干宝《晋纪》，"其书简略，直而能婉，咸称良史"。（《晋书·干宝传》）总之，在相当长的一段时间里，人们并没有把《史记》看得很特殊。

唐朝时，由于古文运动的兴起，文人们对《史记》给予了高度的重视，当时著名散文家韩愈、柳宗元等都对《史记》特别推崇。

宋元之后，欧阳修、郑樵、洪迈、王应麟各家，以及明朝的公安派、清朝的桐城派，都十分赞赏《史记》的文笔。于是《史记》的声望与日俱增，各家各派注释和评价《史记》的书也源源不断出现。

名句

项庄舞剑，意在沛公。《史记·项羽本纪》

人为刀俎，我为鱼肉。《史记·项羽本纪》

大行不顾细谨，大礼不辞小让。《史记·项羽本纪》

众口铄金，积毁销骨。《史记·张仪列传》

桃李不言，下自成蹊。《史记·李将军列传》

失之毫厘，谬以千里。《史记·太史公自序》

匈奴未灭，无以家为？《史记·卫将军骠骑列传》

王侯将相宁有种乎？《史记·陈涉世家》

燕雀安知鸿鹄之志哉？《史记·陈涉世家》

运筹帷幄之中，决胜千里之外。《史记·高祖本纪》

良药苦口利于病，忠言逆耳利于行。《史记·留侯世家》

不鸣则已，一鸣惊人；不飞则已，一飞冲天。《史记·滑稽列传》

智者千虑，必有一失；愚者千虑，必有一得。《史记·淮阴侯列传》

《前汉书》

《前汉书》的"体制"

自司马迁作《史记》，创史家"纪传"之体，于是继《史记》

而起的，便有《前汉书》。《前汉书》者，东汉时，元武司马班固氏，续其父彪之志而作的。是书的内容：凡有十二"本纪"，八"年表"，十"书志"，七十"列传"，共一百卷。起于高祖之世，终于哀平王莽之诛，以二百三十九年之事，纳于八十余万字之中。《隋书·经籍志》，称《汉书》一百十五卷；今通行本，作一百二十卷；这都是因为《汉书》中卷帙太重，故把它析为"子卷"，才有此数！今细按通行本的《汉书》：

"本纪"中，多分一子卷。——《高祖纪》，分上下两卷。

"年表"中，多分二子卷。——《王子侯表》，分上下两卷；《百官公卿表》，分上下两卷。

"书志"中，多分八子卷。——《律历志》，分上下两卷；《食货志》，分上下两卷；《郊祀志》，分上下两卷；《五行志》，分五子卷；《地理志》，分上下两卷。共多八卷。

"列传"中，多分九子卷——《司马相如列传》，分上下两卷；《严朱吾丘主父列传》，分上下两卷；《扬雄列传》，分上下两卷；《匈奴列传》，分上下两卷；《西域列传》，分上下两卷；《外戚列传》，分上下两卷；《王莽列传》，分上中下三卷。共多九卷。

据上以观，合成一百二十卷，即今通行本是。班固著是书未成，即瘐死，致是书颇见散乱。章帝时，天子下诏，令其妹昭——曹世叔妻——就东观中校缉，续成其书，故《汉书》中"八表"及《天文志》几篇，都是她所补的。

《汉书》中的"体制"，几全都是模仿司马迁的《史记》的。刘知几氏，有曰：

昔虞夏之"典"，商周之"诰"，孔氏所撰，皆谓之"书"。夫以"书"为名，亦稽古之伟称，寻其创造，皆准子长。但不为

"世家"，改"书"曰"志"而已。

观上刘氏之言，知《汉书》中不为"世家"，改"书"曰"志"，这是他特创的"体制"。舍此以外，别无可称述了。

《前汉书》的"缺失"

一部传书的成功，不是一件容易的事情；然非圣人的制作，又在在足以动人的訾议。这是我于上章中，已经说过的了。班固的《汉书》，自然也不能外此。后人批评是书的，议论很多，例举于下：

1. 《汉书》的体例，其删去"世家"，而保存"纪传"，又将陈涉、项籍两人，都载入"列传"，这都是班彪所定，非固所为；而固则据为己创，是为"攘父之美"，其缺失一。

2. 试取《史记》《汉书》中，《张耳》《李广》两"传"，比较之，乃知《汉书》的疏漏。更取《高帝纪》，比较观之，乃知《汉书》的繁冗。

3. "班书"和《史记》相同者，凡五十余卷，其少"加异"的，不是"弱"，便是"劣"。《史记》五十二万六千五百言，序二千四百一十三年事；《汉书》八十余万言，叙二百三十九年之事；其优劣可知了！

4. 《左传》中之有"君子曰"的，都是"经"的"新意"。《史记》中之有"太史公曰"的，都是"史"外之事，不为"褒贬"的；其间有褒贬者，那是褚先生之徒，把它混杂其中的。且"纪传"之中，既载明它褒贬善恶，足为鉴戒，那么于"纪传"之后，又何必更加以褒贬呢？这大概是诸生"决科"文，何施于著述，恐怕非司马迁的本意吗？况谓为"赞"，岂有褒贬？后代的史家，对于"传"后的"论赞"，或称它为"序"，或称它为"评"，或称它为"铨"，都是效法班固而作的，所以不得不对于班固，特别加以纠正的议论。

以上四条，都是论"班书"之"缺失"的，读是书者，不可不知！

《前汉书》的"优点"

《汉书》的"缺失'，既如上节所述。然而它的"优点"，也自不可掩；且或有胜过于《史记》之处。今略举数条如下：

1. 《史记》是通记古今的人物，和专记一代之史不同，故立陈涉为"世家"，项羽为"本纪"，盖已把它编作列朝的事了。然尊羽为"本纪"，又以之冠于本朝帝王的上面，究竟不成"体例"！陈涉王数月而败，又身死无子嗣，亦难以立他为"世家"。班固《汉书》中，把项羽、陈涉等几篇，统统改为"列传"，这真是万世不易的"体例"呢！又《史记》，于《高祖本纪》后，便继之以《吕后纪》，而孝惠帝在位七年，竟不为之书。这虽说是那时的朝政，都出于母后之手，然《春秋》于昭侯的出奔，犹每岁书曰乾侯；岂有嗣君在位，还没有像唐时庐陵王的遭废，而竟删削不书呢？"班书"中，把它补入一《孝惠纪》，"义例"便觉精审了！这是《汉书》胜乎《史记》者一。

2. 古代论《史》《汉》的优劣，都谓"在乎言辞之多寡，以分两人的高下"，然亦有不可以是为定评的。盖司马迁喜于叙事，至于"经术"的文章、"干济"的策论，一切多不收入，所以它的文字很简。班固则取其文字之有关于"学问"、有系于"政务"的，必一一替它记载之，此其卷帙之所以繁多了。今以《汉书》和《史记》相比对，很有为《史记》所无，而《汉书》所增载的，都是些有关于"经世有用"之文，自不得以"繁冗"议它的。例如：《贾谊传》的《治安策》，《晁错传》的《教太子疏》《言兵事疏》《募民徙塞下》等疏，以及《贤良策》，皆有关于"世事国计"的。又如：《路温舒传》，载其《尚德缓刑疏》；《贾山传》，载其《至言》一篇；《邹阳传》，载其《讽谏吴王濞邪谋书》；《枚乘传》，载其《谏吴王谋逆》一书；《韩安国传》，载其《与王恢论伐匈奴事》，此又皆"边疆"的大计，不可不载的。更如：《公孙宏传》，载其《贤良策》，及"待诏"时上书一道、"帝答诏"一道，都是《史记》中所无，而《汉书》中特载它的。此其胜乎《史记》者二。

3. 两书之中，间有《史记》无传，而《汉书》特增之的。例如：《吴芮传》《赵隐王如意传》《赵共王恢传》《燕灵王建传》《景帝子十三王传》等，都为《史记》所无，而《汉书》中一一为之增传的。又如：《河间献王传》，详叙他好古爱儒，所积书与汉朝等；《鲁共王传》，详叙他好治宫室，坏孔子宅，广其宫，因于壁中得古书；此又皆《史记》中所不载，而《汉书》特载它的。至若《李陵》《苏武传》，叙次十分精彩，令人千载下读之，凛凛然犹有生气！他如：《韩信传》《楚元王传》以及《萧何》诸"传"，皆多增事实，较《史记》为详赡。这是胜乎《史记》者三。

凡上述三端，都是《汉书》的"优点"'，而为《史记》所不及的地方，谁说《汉书》处处不及《史记》呢？范蔚宗说："固，文赡而事详。若固之序事，不激诡，不抑抗，赡而不秽，详而有体，使读之者亹亹而不厌，信哉其能成名也！"或说："班固叙事，详密有次第，专学左氏，如叙霍光、上官相失之由，正学《左氏传》记秦穆、晋惠相失处也。"按此二说，亦是推重班氏之书的，故后来读史者，往往《史》《汉》并提！

《后汉书》

简介

《后汉书》由我国南朝刘宋时期的历史学家范晔编撰，是一部记载东汉历史的纪传体通史，"二十四史"之一。《后汉书》是继《史记》《汉书》之后又一部私人撰写的重要史籍。与《史记》《汉书》《三国志》并称为"前四史"。

《后汉书》全书主要记述了上起东汉的汉光武帝建武元年（公元25年），下至汉献帝建安二十五年（公元220年），共一百九十五年的史事。

《后汉书》纪十卷和列传八十卷的作者是范晔，李贤注，此书综合当时流传的七部后汉史料，并参考袁宏所著的《后汉纪》，简明周详，叙事生动，故取代以前各家的后汉史。北宋时，有人把晋朝司马彪《续汉书》志三十卷，刘昭注，与之合刊，成今天《后汉书》。

结构体例

《后汉书》大部分沿袭《史记》《汉书》的现成体例，但在成书过程中，范晔根据东汉一代历史的具体特点，则又有所创新，有所变动。首先，他在帝纪之后添置了皇后纪。东汉从和帝开始，连续有六个太后临朝。把她们的活动写成纪的形式，既名正言顺，又能准确地反映这一时期的政治特点。其次，《后汉书》新增加了《党锢传》《宦者传》《文苑传》《独行传》《方术传》《逸民传》《列女传》七个类传。范晔是第一位在纪传体史书中专为妇女作传的史学家。尤为可贵的是，《列女传》所收集的十七位杰出女性，并不都是贞女节妇，还包括并不符合礼教道德标准的才女蔡琰。

《后汉书》结构严谨，编排有序。如八十列传，大体是按照时代的先后进行排列的。最初的三卷为两汉之际的风云人物。其后的九卷是光武时代的宗室王侯和重要将领。《后汉书》的进步性还体现在勇于暴露黑暗政治，同情和歌颂正义的行为方面。在《王充、王符、仲长统传》中，范晔详细地收录了八篇抨击时政的论文。《后汉书》一方面揭露鱼肉人民的权贵，另一方面又表彰那些刚强正直、不畏强暴的中下层人士。《后汉书》是一部记载东汉历史的纪传体史书。全书包括十纪，八十列传及八志，记载了从王莽起至汉献帝止共 195 年的史事。其中，本纪和列传的作者是南朝刘宋时的范晔，志的作者是晋朝的司马彪。

作者简介

范晔（398—445），字蔚宗，南朝宋顺阳（今河南淅川东）人。官至左卫将军，太子詹亭。宋文帝元嘉九年（432年），范晔因为"左迁宣城太守，不得志，乃删众家《后汉书》为一家之作"，开始撰写《后汉书》，至元嘉二十二年（445年）以谋反罪被杀止，写成了十纪，八十列传。原计划作的一志，未及完成。今本《后汉书》中的八志三十卷，是南朝梁刘昭从司马彪的《续汉书》中抽出来补进去的。

司马彪，字绍统，晋高阳王司马睦的长子。从小好学，然而好色薄行，不得为嗣。司马彪因此闭门读书，博览群籍。初官拜骑都尉，泰始中任秘书郎，转丞。司马彪鉴于汉氏中兴，忠臣义士昭著，而时无良史，记述烦杂，遂"讨论众书，缀其所闻，起于世祖，终于孝献，编年二百，录世十二，通综上下，旁贯庶事，为纪、志、传凡八十篇，号曰《续汉书》。"范晔的《后汉书》出，司马彪的《续汉书》渐被淘汰，惟有八志因为补入范书而保留下来。司马彪的八志中，《百官志》和《舆服志》是新创，但没有《食货志》却是一大缺欠。

范晔在撰写《后汉书》以前，已经有许多后汉书流传。其中，主要的有东汉刘珍等奉命官修的《东观汉记》、三国时吴国人谢承的《后汉书》、晋司马彪的《续汉书》、华峤的《后汉书》、谢沈的《后汉书》、袁山松的《后汉书》，还有薛莹的《后汉记》，张莹的《后汉南记》、张璠的《后汉纪》、袁宏的《后汉纪》等。范晔的《后汉书》，就是在这些后汉书的基础上撰写出来的。有了前人的成就，范晔便参考各家内容，融会贯通，写成《后汉书》。范晔原来想学习《汉书》，写成十志，因为被害而未如愿。由于范晔的著作叙事简明扼要，内容全面，所以其成就超过了前人，受到后世的重视。

特点

《后汉书》自有其特点。从体例上看，与《史记》和《汉书》相比，有一些改进。在本纪方面，它不同于《汉书》的一帝一纪，而是援引《史记·秦始皇本纪》附二世胡亥和秦王子婴的先例，在《和帝纪》后附殇帝，《顺帝纪》后附冲、质二帝。这既节省了篇幅，又不遗漏史实，一举而两得。在皇后方面，改变了《史记》与《汉书》将皇后列入《外戚传》（吕后除外）的写法，为皇后写了本纪。这样改动，符合东汉六个皇后临朝称制的史实。

在列传方面，《后汉书》除了因袭《史记》《汉书》的列传外，还新增了党锢、宦者、文苑、独行、方术、逸民和列女七种列传。这些列传既是新创，又反映了东汉的实际情况。如东汉一代党锢大兴，许多比较正直的大臣都以结党的罪名被杀；另外，东汉的宦官多参与朝政，杀戮大臣，是党锢之狱的主要制造者。这些现象充分反映了东汉王朝统治阶级内部的矛盾和斗争。范晔根据这些史实，创立了党锢和宦者两个列传。为列女立传，最早始于西汉的刘向，范晔在刘向的启发下增写了《列女传》，这在正史中是第一次出现。他写《列女传》的宗旨是："搜次才行尤高秀者，不必专在一操而已。"他的《列女传》中，有择夫重品行而轻富贵的桓少君、博学的班昭、断机劝夫求学的乐羊子妻、著名才女蔡琰等，不拘于三纲五常的界域。《后汉书》的列传，还往往打破时间的顺序，将行事近似的人写成合传。

如王充、王符和仲长统三人，并不是同时代的人，因为他们都轻利禄而善属文，行为近似，所以合传。

《后汉书》的特点，除体例上的创新外，最显著的是观点鲜明，褒贬一语见的。如，他不为那些无所作为的大官僚立传，而为许多"操行俱绝"的"一介之夫"写了《独行列传》，充分地表明了他爱憎分明的态度；《党锢传》则正面歌颂了张俭、范滂和李膺等人刚强正直的风尚；在《杨震传》中，多处歌颂了杨震及其子孙廉洁奉公的家风；《宦者传》赞扬了蔡伦等"一心王室"的忠介之士，对于侯览等人则直书其"凶家害国"。特别是《后汉书》的"论""赞"，以犀利的笔锋评判是非，表彰刚正，贬斥奸恶而嘲笑昏庸，更是一大优点。

《后汉书》虽然只有本纪、列传和志，而没有表，但范晔文笔较好，善于剪裁，叙事连贯而不重复，在一定程度上弥补了无表的缺陷。另外，因为记载东汉史实的其他史书多数已不存在，所以，《后汉书》的史料价值就更为珍贵。

《后汉书》的最大局限就是丢掉了《史记》重视农民起义的传统，对黄巾起义持否定态度。黄巾起义为东汉末的大事，其中的主要人物如张角弟兄，竟不为立传。他们的事迹，只附在了镇压农民起义的官僚皇甫嵩的传中。

《后汉书》原来通行的注本，纪传部分是唐高宗的儿子章怀太子李贤注的，重点是解释文字，但也参考其他东汉史书；对史实有所补正，为各志作注的是南朝梁刘昭，他的注侧重说明或补订史实。此外，清惠栋的《后汉书补注》、王先谦的《后汉书集解》这两家注，也颇受人们重视。

文学价值

在文学价值方面，《后汉书》的"论""赞"是值得称道的。作者自认为是"精意深旨"，后人更推崇它有"奇情壮采"。《后汉书》的文学价值主要表现在人物塑造的一定程度上的典型化、语言运用的骈俪化与韵律感、行文中情感倾向的鲜明流露等三个方面上。

正如《史记》可作传记文学来读一样，《后汉书》所传记的人物大多形象鲜明，个性突出，有一定的典型性。如：舍生取义的李膺、范滂，隐逸放达的严光、梁鸿，倜傥不羁的王符、仲长统，还有作威作福的外戚窦宪、梁冀，祸国殃民的宦官单超、张让，等等。《后汉书》传记人物时，缘于史书性质，基本上还是叙其言行以显其性格的，不再赘述；然其中亦大量地运用塑造文学形象的艺术方法，概括起来讲，有序旨提要、细节描写、肖像描写和侧面描写等。

《后汉书》的类传前多有序，每个人物传记展开前多有提要，用语简洁、准确，这可以使读者先对所传记人物有一总体印象，起到未见其人、先会其神的先声夺人的作用。如《宦者列传·序》《独行列传·序》《逸民列传·序》等，读"序言"便能对本类传人物的大致特征了然于胸。单人传记前的"提要"，如：《范滂传》"少厉清节，为州里所服"；《仲长统传》"性倜傥，敢直言，不矜小节，默然无常，时人或谓之狂生"；《王充传》"好论说，始若诡异，终有理实"；《梁冀传》"性嗜酒，能挽满、弹棋、格五、六博、蹴踘意钱之戏。又好臂鹰走狗，骋马斗鸡"等等，使得不读下文便能大致了解其人性格。

《后汉书》还长于细节描写以刻画人物。例如，《严光传》描写刘秀称帝后，欲征召其昔日旧好严光入仕，然严光召至而不就。刘秀去看望他，他却躺着不起来，叫他，不立，当晚，二人同床共枕，严光竟又把脚压到刘秀的肚腹上。这些细节的描写，活画出了严光不拘礼仪的隐逸风度。《梁鸿传》中写梁鸿少时牧于上林苑中，曾因家里失火而殃及邻居，赔不起人家，便给人家做奴，足见其耿介旷达的隐士风范。又如《光武皇帝本纪》中写道：刘秀的亲叔伯兄长刘縯（字伯升），因遭更始帝（刘玄）忌恨而受害，他听说后，"自父城驰诣宛谢。司徒官属迎吊光武，光武难交私语，深引过而已，未尝自伐昆阳之功，又不敢为伯升服丧，饮食言笑如平常。"这一细节描写突出表现了刘秀隐忍、狡诈的性格特征。再如《刘玄传》中写道："更始帝即位，南面立，朝群臣，羞愧流汗，举手不能言。"活现出了刘玄的懦弱无能。当然，上述等等细节描写可能皆有史实依据，然亦离不开作者提炼揣摹之功。

《后汉书》还常用侧面描写——或假借他人评说，或援引时人谚谣等以记传人物。如《李膺传》载："荀爽常就谒膺，因为其御。既还，喜曰：'今日乃得御李君矣'，其见慕若此"；李膺遭党锢之祸死后，"门生故吏及其父兄并被禁锢。时侍御史蜀郡景毅子顾为膺门徒，不及于谴。毅乃慨然曰：'本为膺贤，遣子师之，岂可以漏夺名籍，苟安而已！'遂自表免归，时人义之"。借别人的言行以见李膺的节烈高义、德高望重。再如，欲著郑玄的学问品德，便借助名流马融、何休的喟叹赞美；杜诗任南阳太守时，修水利，兴垦殖，著有政绩，时人比之于召信臣（西汉元帝时为南阳太守，有政绩），故南阳为之语赞曰："前有召父，后有杜母。"

范晔在《狱中与诸甥侄书》中有一段话，可视作他为《后汉书》作的序："详观古今著述及评论，殆少可意者。班氏最有高名，既任情无例，不可甲乙辩，后'赞'于理近无所得，唯'志'可推耳。博赡不可及之，整理未必愧也。吾杂传论，皆有精意深旨。既有裁味，故约其词句。至于《循吏》以下，及《六夷》诸序论，笔势纵放，实天下之奇作，其中合者，往往不减《过秦》篇。尝共比方班氏所作，非但不愧之而已……'赞'自是吾文之杰思，殆无一字空设，奇变不穷，同含异体，乃自不知所以称之。此书行，故应有赏音者……"文中可见范晔对《后汉书》自视颇高，显现了他对自己著作的历史、思想及文学价值的认识，尤其中意于其文学价值。客观而论，《后汉书》的确也是富于多种文化价值的史学名著。

《张衡传》是《后汉书》中著名的人物传记之一。文章详尽而生动地记述了中国古代科学家、文学家张衡的一生，突出表现了他在科学、文学上的杰出成就以及政治上的建树。叙事波澜起伏，从多方面展现人物的思想性格。例如张衡作为科学家刻苦钻研，成就辉煌；作为文学家，作诗著文、讽谏时政；作为地方官不畏权势、秉公执法等等，使张衡这个具有耿介的性格、非凡的才能、踏实的精神等特点的人物形象表现得较为丰满。此外，本文在叙述描写上也颇具特色，例如把地动仪这个科学仪器从结构到作用写得细致入微，并且运用形象化的比喻把腾龙蹲蛙描绘得栩栩如生。

《三国志》

简介

《三国志》全书一共六十五卷，《魏书》三十卷，《蜀书》十五卷，《吴书》二十卷。《三国志》名为志其实无志。魏志有本纪，列传，蜀，吴二志只有列传，陈寿是晋朝朝臣，晋承魏而得天下，所以《三国志》尊魏为正统。《三国志》为曹操、曹丕、曹睿分别写了武帝纪、文帝纪、明帝纪，而《蜀书》则记刘备、刘禅为先主传、后主传。记孙权称吴主传，记孙亮、孙休、孙皓为三嗣主传。均只有传，没有纪。

《三国志》位列中国古代二十四史记载时间顺序第四位，与《史记》（司马迁）、《汉书》（班固）、《后汉书》（范晔、司马彪）并称前四史。

作品优点

《三国志》主要善于叙事，文笔也简洁，剪裁得当，当时就受到赞许。与陈寿同时的夏侯湛写作《魏书》，看到《三国志》，认为也没有另写新史的必要，就毁弃了自己本来的著作。后人更是推崇备至，认为在记载三国历史的一些史书中，独有陈寿的《三国志》可以同《史记》《汉书》等相媲美。因此，其他各家的三国史相继泯灭无闻，只有《三国志》还一直流传到现在。南朝人刘勰在《文心雕龙·史传》篇中讲："魏代三雄，记传互出，《阳秋》《魏略》之属，《江表》《吴录》之类，或激抗难征，或疏阔寡要。唯陈寿《三国志》，文质辨洽，荀（勖）、张（华）比之（司马）迁、（班）固，非妄誉也。"这就是说，那些同类史书不是立论偏激，根据不足，就是文笔疏阔，不得要领。只有陈寿的作品达到了内容与文字表述的统一。

陈寿所著的《三国志》，与前三史一样，也是私人修史。他死后，尚书郎范頵上表说："陈寿作《三国志》，辞多劝诫，朋乎得失，有益风化，虽文艳不若相如，而质直过之，愿垂采录。"由此可见，《三国志》书成之后，就受到了当时人们的好评。陈寿叙事简略，三书很少重复，记事翔实。在材料的取舍上也十分严谨，为历代史学家所重视。

陈寿还能在叙事中做到隐讳而不失实录，扬善而不隐蔽缺点。陈寿所处时代，各种政治关系复杂，历史与现实问题纠缠在一起，陈寿在用曲折方式反映历史真实方面下了很大功夫。《三国志》对汉魏关系有所隐讳，但措词微而不诬，并于别处透露出来一些真实情况。如建安元年（196）汉献帝迁都许昌，本是曹操企图挟天子以令不臣之举。陈寿在这里不用明文写曹操的政治企图，这是隐讳。但写迁都而不称天子，却说董昭等劝太祖都许，这就是微词了。另外，他在《荀彧传》《董昭传》和《周瑜鲁肃吕蒙传·评》中都揭露了当时的真实情况。陈寿对蜀汉虽怀故国之情，却不隐讳刘备、诸葛亮的过失，记下了刘备以私怨杀张裕和诸葛亮错用马谡等事。这也是良史之才的一个表现。

作品缺点

　　陈寿毕竟是晋臣，晋是承魏而有天下的。所以，《三国志》便尊曹魏为正统。在《魏书》中为曹操写了本纪，而《蜀书》和《吴书》则只有传，没有纪。记刘备则为《先主传》，记孙权则称《吴主传》。这是编史书为政治服务的一个例子，也是《三国志》的一个特点。

　　陈寿虽然名义上尊魏为正统，实际上却是以魏、蜀、吴三国各自成书，如实地记录了三国鼎立的局势，表明了它们各自为政，互不统属，地位是相同的。就记事的方法来说，《先主传》和《吴主传》，也都是年经事纬，与本纪完全相同，只是不称纪而已。陈寿这样处理，是附合当时实际情况的，这足见他的卓识和创见。《三国志》总起来说记事比较简略，这可能与史料的多少有关。陈寿是三国时人，因黄皓弄权，陈寿不肯阿附黄皓。因此遭排挤。蜀国灭亡时三十一岁。他所修的《三国志》在当时属于现代史，很多事是他亲身经历、耳闻目见的，比较真切，按说是有条件搜集史料的。但因为时代近，有许多史料还没有披露出来；同时，因为恩怨还没有消除，褒贬很难公允，也给材料的选用和修史带来了一定的困难。

《晋书》

简介

《晋书》是我国官修史书，"众多修书"的第一部。按所载两晋 156 年间史实的内容应在南北朝之前，而按成书年代却晚于《宋书》《南齐书》《魏书》等。唐贞观十八年（644 年）太宗命房玄龄监修《晋书》，参与其事的还有令狐德棻、敬播、褚遂良、许敬宗、李淳风等二十人。历时二年修成。十纪（仿《三国志》曹操在魏文帝前的体例，将未称帝的司马懿、司马师、司马昭父子列在晋武帝之前）十卷，十志（鉴于《三国志》无志，均从汉末写起。其中《天文》《律历》二志由李淳风写成；《食货志》填补了《后汉书》《三国志》的空白；《地理志》则错误较多）二十卷，十三列传（大多仿照前四史。史独创《叛逆传》，可让后人从对农民起义极尽污蔑的言词中，窥见到当时阶级冲突的尖锐。又有仿《南齐书》中《孝义传》所立的《孝友》《忠义》二传）七十卷。此外又新创载记三十卷，把十六国时代在撰修者看来非正统的"君臣"事迹一一记下，成为今天研究十六国史的重要资料。

晋书优点

《晋书》体例比较完备，使它能容纳较多的历史内容，而无繁杂纷乱之感。《晋书》的帝纪按时间顺序排列史事，交待历史发展的基本线索，是全书的总纲。在帝纪中首先列宣、景、文三纪，追述晋武帝祖父司马懿、伯父司马师、父亲司马昭开创晋国基业的过程，使晋史的历史渊源清晰明了，是很得史法的。书志部分记载典章制度，编排得类别清楚，叙事详明，可以给人以较完备的历史知识。列传记载人物，编次以时代为序，以类别为辅，所立类传或合传眉目清楚，各类人员大都分配合理，使西晋近800历史人物分门别类地展现在读者面前，构成晋代历史活动的图卷。书中的载记专写与晋对峙的十六国历史，在史书写法上是善于出新的。载记之体略同于《史记》中的世家，但世家记诸侯国历史，反映的是先秦贵族社会国家紧密联系的特点。载记的名目采自《东观汉纪》，可《东观汉纪》用载记记载平林、新市及公孙述的事迹，不过是作为列传的补充。

《晋书》采用世家之体而取载记之名，用高于列传的规格完整记述了各族政权在中原割据兴灭的始末，给各割据政权以适当的历史地位，较好解决了中原皇朝与各族政权并载一史的难题，这一做法大得历代史家赞赏。载记中对十六国政权只称"僭伪"，不辨华夷，体现了唐朝统治者华夷一体，天下一家的大一统思想，这更是我们今天阅读《晋书》时要特别注意的。晋代史事错综复杂，比两汉史都要难写一些，《晋书》用四种体裁相互配合，较好解决了这一难题。

《晋书》还有内容充实，文字简练的长处。晋代的社会矛盾尖锐复杂，有地主阶级与农民的矛盾，有胡、汉的民族矛盾，有儒、道、释的矛盾，还有君臣矛盾、抗战派与清谈派的矛盾等等。《晋书》中，提供了很多这些矛盾斗争的情况及文献材料。如孙恩、卢循、张昌、王如等传，反映了当时的农民起义情况；《江统传》载《徙戎论》，《温峤传》载《奏军国要务七条》，提供了胡汉斗争的材料；《郭璞传》载《刑狱疏》，《李重传》载《论九品中正制》，《傅玄传》载兴学校、劝农功诸疏，提供了研究当时社会政治经济情况的材料；《裴頠传》载《崇有论》，《阮瞻传》载《无鬼论》等都是重要的思想文献。此外如《束晳传》记载《汲冢书》的发现经过，《裴秀传》记载《禹贡地域图》的制图六法，《卫恒传》记载论书法源流的《书势》一篇，都是极珍贵的史料。唐修《晋书》距离晋亡已二百多年，在记事上有条件改变以往史书诬罔不实的缺点。

书中除因袭旧文外，很少有撰者曲意回护的内容。书中在很多纪传中揭露了统治阶级贪婪、腐朽、骄奢淫逸的本性和残害民众的罪行，具有鉴戒意味。《晋书》作者，多是文学大家，因而《晋书》叙事往往能做到简明扼要，有时还有生动、精彩之笔。书中的载记写得疏密相间，首尾照应，颇有些章法。如《苻坚》两卷绘声绘色，颇见功力。列传中也往往能表达出历史人物的情态，读起来有点味道。

《晋书》的十志有：《天文志》《地理志》《律历志》《礼志》《乐志》《职官志》《舆服志》《食货志》《五行志》《刑法志》。从名目上看与《五代史志》大同小异，相差的只是加上了《舆服志》而去掉了《经籍志》。因为《隋志》与《晋志》多出于相同作者之手，修撰时间又很接近，所以在内容上有一些重复的地方。但《晋书》十志上承两汉、下启南北朝，还是具有相当高的价值的。它的类目比较齐全，反映的社会典章制度内容比较全面。《食货志》和《刑法志》叙事包罗东汉，可补《后汉书》之不足。《地理志》对研究魏晋之际行政区划变更，州县制的变迁，都很有作用。《晋书》十志，多出于学有所长的专家之手，内容比较精当。《天文志》《律历志》《五行志》为著名科学家李淳风所修，一直为世所称，其中《天文》《律历》二志尤为精审。《天文志》记载了汉魏以来天文学的三大流派：盖天说、宣夜说和浑天说，并对浑天说作了肯定；《律历志》记载魏晋时期几种历法，保存了科技史的重要材料，具有重要价值。

晋书缺点

其一：记述荒诞

《晋书》继承了前代晋史著作的缺点，记述了大量的神怪故事，《搜神录》《幽明录》中一些荒诞之谈也加以收录。

其二：史料取舍不够严谨

据历史学者考察，在修撰《晋书》时期，所能见到晋代文献很多，除各专史外，还有大量的诏令、仪注、起居注以及文集。但《晋书》的编撰者主要只采用臧荣绪的晋书作为蓝本，并兼采笔记小说的记载，稍加增饰。对于其他各家的晋史和有关史料，虽曾参考，但却没有充分利用。因此唐代成书之后 即受到当代人的指实，认为它"好采诡谬碎事，以广异闻；又所评论，竞为绮艳，不求笃实"。刘知几在《史通》里也批评它不重视史料的甄别去取，只追求文字的华丽。清人张熷在《读史举正》举出《晋书》谬误达四百五十多条。钱大昕批评《晋书》"涉笔便误"。

《宋书》

简介

《宋书》是一部记述南朝刘宋一代历史的纪传体史书。梁沈约撰，含本纪十卷、志三十卷、列传六十卷，共一百卷。今本个别列传有残缺，少数列传是后人用唐高峻《小史》《南史》所补。八志原排在列传之后，后人移于本纪、列传之间，并把律历志中律与历两部分分割开。《宋书》收录当时的诏令奏议、书札、文章等各种文献较多，保存了原始史料，有利于后代的研究。该书篇幅大，一个重要原因是很注意为豪门士族立传。

主要内容

《宋书》是列入"二十四史"之中的一部纪传体史书。

《宋书》收录当时的诏令奏议、书札、文章等各种文献较多，保存了原始史料，有利于后代的研究。该书篇幅大，一个重要原因是很注意为豪门士族立传。沈约在宋时曾撰《晋史》，未成。当时流行的诸家《晋书》，记述典章制度的极少。他在《宋书》诸志中的叙述，往往上溯到魏晋，可以补《三国志》等前史的缺略。礼志把郊祀天地、祭祖、朝会、舆服等合在一起，乐志详述乐器，记载乐章，都是较好的体例。州郡志对于侨州郡县的设置分合记载简略；律历志详细记载杨伟《景初历》、何承天《元嘉历》、祖冲之《大明历》全文，从中可反映当时自然科学水平。特设符瑞志，从远古叙起，既乖体例，又荒诞不经；缺食货与艺文两志，亦是该书的缺点。

《宋书》写刘宋历史，有一些独到之处。它概述南朝著名的"元嘉之治"的盛况："自元熙十一年马休之外奔，至于元嘉末，三十有九载，兵车勿用，民不外劳，役宽务简，氓庶繁息，至余粮栖亩，户不夜扃，盖东西之极盛也。"（《宋书》卷五十四《孔羊沈传论》）这个概括是很能抓住要害的。对于这一时期江南地区繁荣富饶的经济状况，沈约也作了比较准确的记述。《宋书·谢灵运传论》叙述了自屈原以后文学的发展和演变，以及沈约的评论和他关于诗文用声律的主张，这是研究六朝文学史的珍贵材料。《宋书》在《蛮夷传》中记录了宋朝与亚洲邻国的交往，是对中国与这些国家关系史的珍贵记录。在《天竺迦毗黎国传》中，记述佛教传入中国后在当时南方的传播情况，以及佛教与政治和儒家的关系，反映了佛教被中国封建统治者接受和初步改造的过程，是研究中国佛教史的重要材料。

《宋书》的志有八个门类，包括《律历志》《礼志》《乐志》《天文志》《符瑞志》《五行志》《州郡志》《百官志》，号称《宋书》八书，分量几乎占全书的一半，是书中的精华所在。《律历志》详录杨伟《景初历》、何承天《元嘉历》和祖冲之《大明历》原文。它和《天文志》颇能反映当时自然科学水平，是难得的科学史文献。《乐志》记载乐器演变情况，汇集了汉魏晋宋的乐章、歌词、舞曲，在各史乐志中有独特的风格。《州郡志》记晋宋间州郡分合、户口消长及侨置州郡县的分布情况，对于考察这一时期的地理沿革，具有珍贵的价值，等等。记事能超出刘宋历史范围，进行通贯古今的历史考察，这是沈约有历史见识的体现。八志上包魏晋，弥补了《三国志》无志的不足，使它们的价值更为突出。

优点

《宋书》纪传中，多载诏策奏疏和时人辞赋文章，保存了不少文献材料。《武帝纪》载《禁淫祠诏》，《何承天传》载《谏北伐表》，《王徽传》载《与江敩辞官书》，《顾觊之传》载《定命论》等，都是当时重要的思想、政治文献。《宋书》收录时人文章，虽使篇幅冗长了一些，却为人们了解当时历史情况提供了大量第一手材料，对此是不应轻易否定的。沈约是当时的文学家，行文比较优美流畅，也是《宋书》的优点之一。

《宋书》的思想体系，基本属于正宗儒家系统。书中宣传了君权神授、天人感应的神学思想。沈约声称"圣帝哲王，咸有瑞命之纪，盖所以神明宝位，幽赞祯符，欲使逐鹿弭谋，窥觎不作"。把符命、祥瑞当成了麻痹民众、维护皇权的工具。沈约既提倡忠君，又主张机变，反映了当时朝代更迭频繁特有政治状况下的社会伦理观念。他把忠贞与机变这两种互为矛盾的观念调和在一起，随时而用，各得其所，这是一种实用主义的伦理观念。

缺点

《宋书》的全帙，载述未尝不详；但是以宋代一朝的本志，而兼及于魏晋，体例上未免失于"限断"了！又王邵说他喜造奇说，以诬前代，这话真是不错！所以后世的人，多有批评它的"缺失"者，今历举数端于下：

叙事的失检

如：《刘穆之传》中，称高祖克京城；这个京城，便是京口城。其下又说，从乎京邑；那是破桓元兵后，从入建邺的。然京城和京邑，有什么分别呢？其他类此的很多，这就是它"叙事"失检之处。

编次的失检

例如：何偃，是何尚的儿子。《何偃传》既编在十九卷，而何尚的"传"反编在二十六卷。又如：沈攸之，乃沈庆之的儿子，《攸之传》在三十四卷，而《庆之传》反在三十七卷。这些地方，都是它"编次"失检之处。

繁简的失当

前史之中，于名臣的"奏疏"等，原有载其全文的，例如：贾谊的《治安策》、董仲舒的《天人策》等是。然非有关于"政治"，即有关于"道学"的。至若司马相如的《大人斌》之类，则因其人本以"文学"著称，故存一二篇，以见其"文学"之一斑，其他则概不录取的。《宋书》之中，则凡有文字，无不一一收入。又"史书"立"传"，原无取乎太多，惟如《汉书》一部，王子外，共二百四十余，未尝非良史呢！《宋书》，则芜词太多，而立"传"又少，如以鲍照的文才，而《宋书》中既无"文苑传"，又何不把他立之于"列传"呢？乃沈约仅于《王义传》内附见之，既附见矣，又全载他《河清颂》一篇，累幅而不尽，这是它叙事上繁简失当的地方。

体裁的未合

《宋书》之中，往往容用"带叙法"。若其人不必立传，而其事有附见于某人传内者，即于某人传中，叙他的覆历以毕之，而下文依旧叙某人之事，书中如此类者很多。盖人人各为一传，则传之不胜其传，而不为立传，则其人又有事可传，今有此"带叙法"，则既省多立传，又不埋没其人，这真是作史的良法。但他史对于"附传"者，往往多在"本传"之后，方缀以附传者的履历；

而《宋书》中，则正在叙事之时，忽以"附传"者履历人之。此等体例，乃《宋书》所独创的，然未免喧宾夺主，而读者亦觉其烦闷不乐。这是它"体裁"上有未合之处。

编订的草率

宋、齐两代革易的时候，作史者，既为齐讳，又欲为宋讳。盖为齐讳的，是沈约自己所补辑；为宋讳的，是因仍徐爰的旧本，而未加删定的缘故。这是它编订草率之处。

总之，沈约的《宋书》，都本之于"徐史"，而略为补辑；一年之间，全部告成，其有不合于"史体"的地方，自然不能免的了！

《南齐书》

简介

　　《南齐书》是一部记载南齐封建割据政权历史的书，齐梁皇族萧子显作。全书六十卷，现存五十九卷。南齐是南北朝时期继宋以后在南方割据的封建王朝。公元 479 年，萧道成（南齐高帝）建立南齐，传了三代。公元 494 年，萧道成的侄子萧鸾（南齐明帝）夺取了帝位，传了两代。502 年，萧衍（梁武帝）灭了南齐，另建了梁朝。南齐的统治只有二十三年，是南北朝时期最短促的一个朝代。它建都在建康（今南京），统治的地区西到现在的四川，北到淮河、汉水，萧鸾时期又在淮河以南失去一些地方。当时同南齐对立的，是割据北方的北魏封建政权（公元 386—534），北魏的军事力量要比南齐强些。

作者简介

　　萧子显〔489—537〕，字景阳，南兰陵郡南兰陵县（今江苏常州西北）人，是萧道成的孙子。他父亲豫章王萧嶷在南齐前期曾煊赫一时，他本人在梁做到吏部尚书。他虽然还是梁朝统治集团中的上层人物，但这时他家的政治地位已经衰落下来。以前朝帝王子孙而修前朝史书，二十四史中仅此一家。

萧子显入梁以后，还是积极地为巩固梁朝政权效力。萧衍曾当面向萧子显兄弟表示，希望他们作梁朝的"忠臣"。萧子显也就特别利用了自己的文史才能为梁朝的封建统治服务。他曾奏请编纂萧衍的文集，赞美萧衍挂名主编的通史，并在国学里讲解由萧衍题名的五经义。他还编写了五卷普通北伐记，这书虽已不可见，而顾名思义，应是颂扬萧衍在普通年间（520—526）的军事活动的。他编写南齐书，也是经过奏请的。萧子显还著有后汉书一百卷、贵俭传三十卷、文集二十卷，都没有流传下来。南齐初年，萧道成设置史官，命檀超、江淹等编集"国史"。在梁代，沈约著有齐纪，吴均著有齐春秋。萧子显的南齐书，多取材於檀超、江淹等的书稿，而他们的稿子没有，传下来。沈约、吴均的书约在十一世纪以后也散失了。关于南齐的最早只有这部《南齐书》。

《南齐书》六十卷，见於梁书萧子显传。到了旧唐书经籍志著录这部书，就只有五十九卷了。刘知几史通序例曾说过南齐书原有序录，后人从而推论《南齐书》佚失的一卷就是。萧子显虽然是以封建史臣的观点来修史的，但他以当代人记当代事，在南齐书里保留了一定数量的比较原始的史料。关于统治者对人民的残酷压榨及统治阶级集团内部的倾轧残杀，书中都有所记载。对当时唐禹之领导的农民起义，在豫章文献王嶷传、竟陵文宣王子良传、沈文季传等里，也提供了材料。此外对南齐一代的文学史、思想史、科学史方面的情况也有一定的反映。如科学家祖冲之，在南齐书里就有一篇比较详细的传。总的来说，南齐书是一部研究南齐历史的重要史书。

主要内容

《南齐书》包含：帝纪八卷，除追叙萧道成在刘宋末年的政治活动外，主要记萧齐皇朝（479—502）二十三年间的史事。志八篇十一卷，其中有的上承刘宋，有的起于萧齐立国，断限比较明显。传四十卷，其中不少是记少数民族地区史事的，而以《魏虏传》记北魏史事，这在性质上同《宋书·索虏传》是一样的。序录一卷，刘知几都不曾见到，说明它佚之甚早，故全书今存五十九卷。上面讲到，萧子显既是萧齐皇朝的宗室，又是萧梁皇朝的宠臣，所以他撰《南齐书》一方面要为萧道成避讳，一方面又要替萧衍掩饰。例如他写宋、齐之际的历史，就不能直接写萧道成的篡夺之事，只能闪烁其词，微露痕迹；他写齐、梁之际的历史，则用很多篇幅揭露齐主恶迹，以衬托萧衍代齐的合理。这是他作为齐之子孙、梁之臣子的"苦心"，也反映出他在史学上的局限性。

《南齐书》部帙不大，包含的年代又很短，竟然也撰就了八篇志，确乎难得。这里面无疑包含了江淹的首创之功。《南齐书》有些传，显示了萧子显在历史表述上的才华。如：他于《褚渊传》，先写褚渊在宋明帝时受到信任，而在宋明帝临死，则写他也参与"谋废立"，违背宋明帝的意旨；于《王晏传》，先叙其与齐高帝、齐武帝的密切关系，继而写其在齐武帝死后也参与"谋废立"的事；于《萧谌传》，先说其受到齐武帝、郁林王的信赖，后写其在协助齐明帝夺取郁林王皇位的政变中竟然领兵作前驱；于《萧坦之传》，先烘托其受到郁林王的殊特信任，以至"得入内见皇后"，后写他成了废郁林王而拥立明帝的关键人物；等等。萧子显在写这些事件和人物的时候，都不直接发表议论，而是通过前后史事的对比来揭示人物的品格。清代史学家赵翼评价说："此数传皆同一用意，不著一议，而其人品自见，亦良史也。"用顾炎武的话说，这种写历史人物的方法叫做"于序事中寓论断"，司马迁写《史记》最善于运用这种方法。萧子显学习司马迁表述历史的方法，并取得一定的成就，被后代史学家称为"良史"，这是很自然的。

《南齐书》同《宋书》一样，都宣扬神秘的思想、佛法的深远，又都过分讲究华丽的辞藻，这是它们的缺点，也是那个时代留下的印记。

《南齐书》文字比较简洁，文笔流畅，叙事完备。列传的撰写，继承了班固《汉书》的类叙法，又借鉴沈约《宋书》的代叙法，能于一传中列述较多人物，避免人各一传不胜其繁的弊病。又书中各志及类传，除少数外，大都写有序文，借以概括全篇内容，提示写作主旨。

贡献影响

《南齐书》中的一些文化史记载颇有价值。

萧子显为科学家祖冲之立传，在传中记录了他创造指南车、千里船、水碓磨的过程和机械特点。又在传中全文引用祖冲之的《上大明历表》，详细向世人介绍了创大明历的指导思想和大明历的具体特点，为人们研究科技史留下了珍贵资料。萧子显用很多篇幅对佛教进行宣传，对佛教传入中国及与中国传统思想融合的过程作了介绍，对于研究传统文化和外来文化的融合与发展，是有一些用处的。

　　《南齐书》的论赞在形式上模仿范晔的《后汉书》，在思想见识上，则相差甚远。当然萧子显作为一个史学家，对于历史和现实问题，还是有一些独到看法的，这在《南齐书》的论赞中有所反映。他对东昏侯萧宝卷推行暴政、恣意杀戮和奢侈淫欲，导致南齐政权灭亡的历史教训，在《东昏侯本纪》的论赞中作了很好的总结："史臣曰：'……东昏侯亡德横流，道归拯乱，躬当剪戮，实启太平……'赞曰：'东昏慢道，匹癸方辛。乃隳典则，乃弃彝伦，玩习兵火，终用焚身。'"对于帝王之子从小养尊处优、脱离社会，造成孤陋寡闻、无德无能的严重后果，他也有很清楚的认识，并在书中作了较好的分析，这些对于统治阶层应是有所教益的。

　　萧子显在宣传神学迷信方面，与沈约是一脉相承的。齐梁之际佛教兴盛，萧子显迎合当时的统治者口味，在书中极力鼓吹佛法的力量。《南齐书·高逸传论》是一篇颂扬佛法的专论。他把佛教与儒家、阴阳家、法家、墨家、纵横家、杂家、农家、道家相比，论证佛家是最优胜的。他论述佛法胜过儒家学说："佛法者，理寂乎万古，迹兆乎中世，渊源浩博，无始无边，宇宙之所不知，数量之所不尽，盛乎哉！真大士之立言也。探机扣寂，有感必应，以大苞小，无细不容。若乃儒家之教，仁义礼乐，仁爱义宜，礼顺乐和而已；今则慈悲为本，常乐为宗，施舍唯机，低举成敬。儒家之教，宪章祖述，引古证今，于学易悟；今树以前医，报以后果，业行交酬，连瑇相袭。"从《后汉纪》《宋书》到《南齐书》对佛教宣传的不断升格，可以比较清楚地看出佛教势力从魏晋到南朝不断发展，并取得国教地位的历史过程。佛教势力的扩展，真切反映了统治者自身的腐朽和没落。

　　与《宋书》一样，《南齐书》中也存在着大量歪曲史实之处。

萧子显是南齐宗室，他在为其祖父写的《高帝本纪》和为父亲萧嶷写的《豫章文献王传》中，都极力进行褒美虚夸，文中不惜使用上万字的篇幅，极尽铺陈夸张之能事，百般夸饰其功绩，而对篡权夺位之类丑行，则千方百计曲笔讳饰，淹没其迹。对于其他人物，书中也经常按当时的利害得失，决定对其的取舍与夺。史德的亏缺影响了《南齐书》的撰著质量。

《梁书》

简介

《梁书》包含本纪六卷、列传五十卷，无表、无志。它主要记述了南朝萧齐末年的政治和萧梁皇朝（502—557）五十余年的史事。其中有二十六卷的后论署为"陈吏部尚书姚察曰"，说明这些卷是出于姚察之手，这几乎占了《梁书》的半数。姚思廉撰《梁书》，除了继承他父亲的遗稿以外，还参考、吸取了梁、陈、隋历朝史家编撰梁史的成果。该书特点之一为引用文以外的部份不以当时流行的骈体文，而以散文书写。

成书经过

成书经过唐高祖武德五年（622 年），李渊根据史臣令狐德棻的建议，诏群臣撰写北魏、北齐、北周、隋、梁、陈六代史，姚思

廉奉命参与撰写陈史。但这次修史工作由于人事的迅速变动和组织
工作方面的经验不足，没有取得什么成果。直到唐太宗贞观三年
（629 年），李世民重新下达撰梁、陈、齐、周、隋五代史的任务，
姚思廉一人独力承担梁、陈二史的编撰工作。为什么唐高祖时要修
六代史，唐太宗时只命修五代史呢？因为唐太宗时史臣们经过认真
讨论，认为北魏的历史已经有北齐魏收所撰《魏书》和隋代魏澹所
撰《魏书》，它们都很详备，没有必要重修了。唐太宗采纳了史臣
们的意见，只命重修五代史。七年后，即贞观十年（636 年），五
代史同时撰成。姚思廉撰《梁书》五十卷、《陈书》三十六卷，终
于实现了他父亲的遗志。这一年，他八十岁。第二年他就去世了。
姚思廉的史学事业，除了撰成《梁书》和《陈书》而外，他还是
唐初第一个撰述本朝国史的人。刘知几说他在贞观初年撰纪传体国
史，"粗成三十卷"。成为唐代撰述国史的先声。当代人称赞姚思廉
的人品和史学是："志苦精勤，纪言实录。临危殉义，余风励俗。"

思想

《梁书》在思想上值得称道之处不多。佀它在对历史变化的看
法上，阐发了一些可取的观点。姚氏父子都是历经数朝的史学家，
梁、陈以至隋、唐之际历史的盛衰兴替、风云变化，促使他们进行
认真的思考。书中阐述出的人事对于历史变化起着重要作用的观
点，当是他们思考的结果。书中对于政权兴起的解释，虽然使用了
一些天意、历数等陈腐的词汇，但把落脚点还是放在了人事与人谋
上。对萧衍建立梁政权和梁朝早期的治绩，书中作了充分肯定：
"高祖英武睿哲，义起樊邓，仗旗建号……兴文学，修郊祀，治五

礼，定六律，四聪既达，万机斯理，治定功成，远安迩肃。"（《梁书》卷3《武帝纪》）在此，人们看到的是杰出人物的历史活动，而不是天意、天命在支配人间治乱。

对于辅佐新朝的文臣武将，书中也注重称道他们个人的才华谋略。《梁书》强调英雄创造历史，同科学唯物史观不可同日而语，但在当时，同神意史观相比还是有进步意义的。

书中的思想糟粕也有不少。充斥书中的大量阴阳灾异、图谶祥瑞，乃至望气相面、因果报应、神怪异闻等，给人以陈腐、庸俗之感。宣传佛、道等宗教迷信，也是书中存在的问题。《梁书》中的《处士传》，全不同于《后汉书》的《逸民传》，传中所记除了有名的道士，就是奉持佛法的居士。这一方面反映了正宗史学的时代特色，另一方面也反映了姚氏父子的思想情趣。

记录误差

《梁书》在记事记人方面，常常有一些时间差误、前后矛盾的地方。如《江蒨传》称何敬容掌选，序用多非其人，而《何敬容传》则称其铨序明审，号为称职。这些互相牴牾的记载，使人莫衷一是，无所适从。《梁书》在笔法上也存在着曲笔增美讳恶的毛病。对于篡代之际大动干戈的血淋淋事实，书中很少如实反映。对于一些权贵，歪曲史实大加吹捧的地方也相当多，与同时撰写的《南史》比较，《梁书》的这个缺点显得更突出一些。

特点

《梁书》记叙梁朝史事比较全面。如梁朝五十多年历史，梁武帝统治了四十多年，《梁书》六卷帝纪中以三卷纪梁武帝，这对全面记述梁朝史事是很重要的。侯景之乱是梁朝历史上一件大事，《梁书·侯景传》长达一万八千字，详细记载了事件的经过。《范缜传》则收入了这位无神论思想家的杰作《神灭论》，突出地反映了姚氏父子的识见。

《梁书》还比较详细地记载了"海南诸国"的情况，这是它超出以前史书的地方。《梁书》类传中还新增《止足传》，有人说这是首创，我以为这可能是受到许亨、许善心父子所撰《梁书·止足传》的启发而设立的。《梁书》对当时的门阀制度、崇尚佛教等社会特点，也有突出的记载。它的不少传记里还反映了当时阶级斗争的情况。

文字简练。清代史学家赵翼称赞《梁书》对历史的表述"行墨最简"，文字"爽劲"。"尚简"，是中国史学在文字表述上的优良传统，刘知几的《史通》特别强调了这方面的经验。而姚察文章"精彩流赡"，时人称为"宗匠"；姚思廉则被李世民列于"十八学士"，这同他们在文字表述上的工夫不是没有关系的。

顾及时代特点的概括。《梁书》除一般评论人物的功过、长短之外，往往还顾及到对于社会风气和时代特点的概括。在这方面，姚察的见解比姚思廉更凝重、更具有历史的纵深感。如卷三十五后论，是通过齐、梁两朝在对待"前代宗枝"上的不同态度的比较，说明这是一个关系到全局的问题。卷三十七后论指出：魏、晋时，

"时俗尚于玄虚，贵为放诞"；降至东晋、南朝，这种不良风气更加严重，甚至有人身为宰臣，"未尝省牒，风流相尚，其流遂远"；结果是"望白署空，是称清贵；格勤匪懈，终滞鄙俗"，"朝径废于上，职事隳于下"。像这样的史论，在二十五史中，也算得上是佳品。

《陈书》

简介

《陈书》，二十四史之一，唐代姚思廉所著，是南朝陈的纪传体断代史著作，记载自陈武帝陈霸先即位至陈后主陈叔宝亡国前后三十三年间的史实。《陈书》共三十六卷，其中本纪六卷，列传三十卷，无表志。成书于贞观十年（636 年）。陈朝封建政权只存在了三十三年，在政治、经济、文化方面没有特别的建树，或许与此有关。《陈书》内容比不上《梁书》那样充实，本纪和列传都过于简略。

《陈书》的史料来源除陈朝的国史和姚氏父子所编旧稿外，还有陈《永定起居注》八卷，《天嘉起居注》二十三卷，《天康光大起居注》十卷，《太建起居注》五十六卷，《至德起居注》四卷等历史材料和他人撰写的史书。

特点

从《陈书》中，我们只见到有两卷本纪的后论署为"陈吏部尚书姚察曰"，说明姚察在陈史撰述方面遗留给姚思廉的旧稿比梁史少得多。姚思廉撰《陈书》，主要是参考了陈朝史官陆琼、顾野王、傅縡等人有关陈史的撰述。

《陈书》在内容上和文字上都赶不上《梁书》，这一方面反映了姚氏父子在史学功力上的差距；另一方面也多少反映出陈朝时期各方面状况的江河日下。北宋人说：陈朝的特点就是苟且偷安，它没有什么"风化之美"、"制治之法"可以太后世效仿的。这话说得大致是不错的。

但是，《陈书》所记载的历史内容，有些还是有意义的。唐朝的魏徵、宋朝的曾巩、清朝的赵翼都认为：《陈书》在记述陈朝"其始之所以兴""其终之所以亡"方面，尤其是在揭示陈武帝的"度量恢廓，知人善任"和陈后主的"躭荒为长夜之饮，嬖宠同艳妻之孽"方面，还是有它的历史价值的。另外，《陈书·皇后传》记后主张贵妃干预朝政，"内外宗族，多被引用"；《江总传》记江总位当权宰，不持政务，只是天天同一些人陪着陈后主在后庭游宴，时人把他们称为"狎客"。这对于后人了解陈朝末年的政治腐败，提供了生动的材料。《文学·何之元传》载何之元所撰《梁典》一书的序文，在史学上是一篇有一定价值的文章。《梁典》已不存，但今人可以从这篇序文中了解这部书的体裁、体例和内容。序文说，"开此一书，分为六意"，即《追述》《太平》《叙乱》《世祖》《敬帝》《后嗣主》。它还引用史学家臧荣绪的话说："史无裁断，犹起居注耳。"这也是史学史上的宝贵的思想遗产之一。《陈书》在总体上虽不如《梁书》，但它在编次上却有超过后者的地方，显得更加严谨、合理。以上这些，都是值得肯定的。

《魏书》

简介

《魏书》，北齐魏收撰，是一本纪传体史书，内容记载了公元 4 世纪末至 6 世纪中叶北魏王朝的历史。一百二十四卷，其中本纪十二卷，列传九十二卷，志二十卷。因有些本纪、列传和志篇幅过长，又分为上、下，或上、中、下三卷，实共一百三十卷。

成书过程

早在拓跋珪建立北魏政权时，就曾由邓渊编写代记十余卷，以后崔浩、高允等继续编写魏史，都采用编年体。太和十一年（公元 487 年），李彪参加修史，始改为纪传体，大概编写到拓跋弘统治时代。以后，邢峦、崔鸿等先后编写了高祖（元宏）、世宗（元恪）、肃宗（元诩）三朝的起居注。北魏原有邓渊所撰《代记》、崔浩所撰《国书》等编年史，和李彪、崔光改修的纪传体史书等，为魏收取材所资，今皆亡佚。南朝著作如沈约《宋书》等，魏收当亦得见。他于天保二年（551）奉诏撰魏史，五年（554）完成。

虽有高隆之任总监，房延佑等六人协助斟酌，主要由魏收执笔。

魏收以前和同时代人曾经编写过魏史和其他资料，隋、唐时期也有人另写过几种魏书，这些书都没有传下来。唐代李延寿的北史，其中北魏部分基本上是魏书的节录。因此，魏书是现存叙述北魏历史的最原始和比较完备的资料。

当时，文宣帝高洋对他说："好直笔，我终不作魏太武诛史官。"高洋这个人在历史上并不怎么样，但他能讲出这样的话，也是难得的。魏收撰《魏书》，可以直接继承、借鉴的文献并不多。据他自己说，可资参考者，主要有邓渊的《代记》十余卷，崔浩的编年体《国书》（一称《国记》），李彪改编年体为纪、表、志、传综合体国史等，但这些都不是完整的成品；再就是邢峦、崔鸿、王遵业等撰孝文帝以下三朝《起居注》和元晖业撰的《辨宗室录》；其余就是当时还能见到的有关谱牒、家传。魏收与房延佑、辛元植、刁柔、裴昂之、高孝干等"博总斟酌"，只用了三年多的时间，就撰成《魏书》一百三十篇：帝纪十四篇，列传九十六篇，志二十篇。魏收自认为是"勒成一代大典"的盛事。

不料，《魏书》的撰成，在北齐统治集团中却掀起了一阵阵轩然大波。有人说，《魏书》"遗其家世职位"；有人说，"其家不见记载"；也有人说，《魏书》记事"妄有非毁"，等等，一时间闹得"群口沸腾"。这场风波对当时和后世都产生了不小的影响，一是北齐皇帝高洋、高演、高湛都相继过问此事；二是在十几年中魏收两次奉命对《魏书》作了修改；三是于"众口渲然"中《魏书》被有些人称作"秽史"。这最后一条，影响所及，直至于今。

特点

《魏书》有一个非常明显的特点，也是它的重要性之所在，即它是我国封建社会历代"正史"中第一部专记少数民族政权史事的著作。过去有一种说法，认为中国古代的史书是记载汉族的历史。其实，这个看法并不是很妥帖的。自《史记》《汉书》开始，历代"正史"中都有少数民族历史记载的专篇。十六国时，出现了许多记述各个割据政权史事的专书，可惜大部分都失传了。《魏书》记述了我国北方鲜卑族拓跋部从4世纪末叶至6世纪中叶（即北魏道武帝至东魏孝静帝）的历史，内容涉及到它的发展兴盛、统一北方、实现封建化和门阀化的过程，以及北魏、东魏与南朝宋、齐、梁三朝关系的历史；《魏书·序纪》还追叙拓跋氏的远祖至二十余代的史事，虽未可尽信，但大致阐述了拓跋氏的历史渊源。因此，研读《魏书》，对于认识我国历史是由多民族共同缔造的这一客观事实，必定会有很大的收获。

《魏书》的另一个特点，是它的作者在反映时代特点方面的自觉性。除了它的列传具有比《宋书》更突出的家传色彩以外，值得注意的是它的志。《魏书》的志，新增《官氏志》《释老志》两篇。魏收在《前上十志启》中说，这两篇志所记述的内容是"魏代之急""当今之重"。《官氏志》首记官制，后叙姓族，是反映北魏统治封建化、门阀化的重要文献。《释老志》记佛、道二教，以记佛教为主。它叙述了佛教在中国传播的过程，详细记载了它在北魏的兴衰史。重姓族，崇佛教，这正是当时的社会风尚和历史特点。

《北齐书》

简介

《北齐书》，二十四史之一。唐代李百药撰，它虽以记载北朝北齐的历史为主，但实际上记述了从高欢起兵到北齐灭亡前后约八十年的历史，集中反映了东魏、北齐王朝的盛衰兴亡。到南宋时，五十卷的《北齐书》仅剩一卷帝纪、十六卷列传是李百药的原文；其余各卷，都是后人根据唐代史家李延寿所撰《北史》抄补修成的。《北齐书》成书时原名《齐书》，为区别于南朝梁萧子显所撰的《齐书》，始改称为《北齐书》，而称后者为《南齐书》。

《北齐书》共有五十卷，其中本纪八卷和列传四十二卷。《北齐书》成书于贞观十年（636 年），经历了三个朝代（北齐、隋、唐）、共六十多年时间。《北齐书》成书前李百药先后于唐太宗贞观元年（627 年）和贞观三年（629 年）两次奉诏继续完成父撰《齐书》遗稿，并参考了隋朝史家王劭所撰编年体《齐志》。

内容特点

以史为鉴

李百药自身经历过朝代更迭之时的盛衰变化，对于总结政治得失的经验教训是很有一些看法的。他在书中集中揭露了以高洋为代表的北齐统治者的淫逸残暴，总结了北齐灭亡的教训。如文宣帝高洋是开国之君，建国之初，还留心政务，注意兴利除弊以安定天下。过了六七年，他原形毕露，肆行淫暴。他征集妇女在宫中与众官淫乱，观之以取乐，又昼夜酗酒，酒后则以杀人为戏。为了满足奢欲，他不惜劳扰民众，使百役繁兴，民不聊生。对于臣下他肆行杀戮，结果把自己弄成了孤家寡人，把天下搅得不得安宁。高洋以后的政治状况也是"政塞道丧""主暗时艰"，结果等待高齐政权的就只能是败亡的命运了。《北齐书》详记了当时阶级斗争的情况，也有很突出的借鉴意味。在原书十七卷中记载了杜洛周、葛荣、韩木兰、柴览、卢仲延、田龙、潘集、李延孙、张俭、路绍遵、刘盘陀、杜灵椿、陈暄、郑子饶等数次各族人民起义的事实。这些记载虽稍简略，却是研究东魏、北齐时期有关农民起义的重要史料。这些史料在《北史》中多被删除，更可见其价值的珍贵。

记载丰富

在科学技术方面，书中记载了信都芳和綦母怀文的事迹。从《北齐书》的记载中我们了解到：信都芳是个发明家，他明习算学，为发明之事常常废寝忘食。他著有《器准图》三卷，书中把古来浑天、地动、欹器、漏刻等发明汇编在一起，配上图样及文字说明，是一部可贵的古代科学发明史专著。綦母怀文是灌钢技术的发明者。他总结劳动人民的经验，发明了用生铁灌注熟铁之中的灌钢冶炼法，用这种材料制造的刀，能砍透三十层铠甲。通过《北齐书》，我们知道灌钢技术的发明在我国约有一千五百年的历史，比欧洲的炼钢法要早上一千多年。在学术思想方面，书中记载了佛、道二教在当时的流传情况，也反映了当时人们对此的一些看法。《樊逊传》记载樊逊评论二教："……淮南成道，犬吠云中，子乔得仙，剑飞天上，皆是凭虚之说。……又末叶以来，大存佛教，写经西土，画像南宫。昆池池黑，以为劫烧之灰，春秋夜明，谓是降神之日。"

这样的思想材料是很宝贵的。书中的《杜弼传》反映邢邵反对佛教唯心主义的论辩，具有理论性质。邢邵继承范缜的唯物主义思想，对佛教生死轮回、灵魂不死等教义进行了批判。他说"人死还生，恐为蛇足"，对生死轮回的说法加以否定。他继承东汉桓谭以来用烛与火来比喻形神关系的说法，指出"神之在人，犹光之在烛，烛尽则光穷，人死则神灭"有力地回击了佛教灵魂不灭的谬说。邢邵的思想在中国哲学史上占有一定地位。《北齐书》对此加以记述的意义则不言自明。

体例可取

北齐朝建立于文宣帝高洋，但他的开国事业是由高欢和高澄奠定的。《北齐书》在本纪中首列《神武本纪》和《文襄本纪》，追叙北齐建国前的史事，既可交待清楚北齐建国的历史起源，又可补充北魏晚期的历史事实，是很得史学要领的。这种写法创始于陈寿的《三国志》，魏收写《魏书》改造运用了这一方法。李百药把它运用于《北齐书》的撰写之中，体现了他历史见解的卓越。

《周书》

简介

《周书》，唐代令狐德棻主编，参加编写的还有岑文本和崔仁师等人。贞观三年（629 年），唐太宗诏修梁、陈、齐、周、隋五代史，令狐德棻与岑文本、崔仁师负责撰北周史，成书于贞观十年（636 年）。

《周书》共五十卷，本纪八卷、列传四十二卷，而史论多出于岑文本之手。贞观十年与《北齐书》《梁书》《陈书》《隋书》同时进呈皇家。本书记载了北朝宇文氏建立的周朝（557—581）的纪传体史书。

特点

体例特殊

这主要表现在两个方面。首先，是关于西魏史的表述。北齐承东魏，故以东魏为正统；魏收在北齐撰《魏书》自亦以东魏为正统、以西魏为僭伪，因而于东魏所记甚详，于西魏则斥而不书。正因为如此，所以唐代史学家撰写北齐史，只须上承《魏书》就可以了。然而，撰北周史却无法上承《魏书》，这里不仅有个"正统"

观念问题，而且在北魏、北周之间也不能空白了西魏一朝史事。为了表明北魏—西魏—北周这样一个"正统"的继承关系，也为了解决西魏史事在表述上的困难，令狐德棻等便在《周书·文帝纪》中以西魏皇帝年号记事，详细记述了西魏文帝、废帝、恭帝共二十二年的政治、军事大事。《周书》中的一些人物传记，也反映了自北魏末年经西魏至北周的若干史事。其次，是关于后梁史事的表述。《周书·萧詧传》及其众多的人物附传，记载了后梁政权的历史。后梁是梁朝宗室萧詧在西魏扶持下建立的一个封建小朝廷，都江陵（今湖北江陵），属地仅有江陵附近数县，先后是西魏、北周和隋的附庸，传三世，历三十三年（555—587年），灭于隋。应当注意的是，后梁不像陈朝那样可以上承于梁，而且它又是在西魏的扶持下建立起来的，不把它的历史写入《梁书》而载入《周书》，这种在体例上的特殊安排，反映了《周书》作者的匠心。

视野开阔

《周书》虽然只是记述西魏，北周皇朝史事的史书，但它着意于反映当时的历史全貌这一显著特点，表明它的作者具有很开阔的历史视野。这表现在《周书》所记内容兼顾了同时代的东魏与北齐、梁与陈等四朝的重大史事，如帝位更迭、重大动乱，皆一一载明，因而在一定程度上反映了当时全国历史发展的大势及纷繁的历史事件。《周书》的这一特点，不仅《梁书》《陈书》《北齐书》赶不上，就是后来李延寿所撰的《南史》《北史》与之相比，也还有一些逊色的地方。这显然跟令狐德棻在事实上负责"五代史"的编撰工作有关，使他对当时的历史发展状况能够有一种全局的观点。

文笔简劲

《周书》文笔简洁爽劲，为后人所赞许。清人赵翼说它"叙事繁简得宜，文笔亦极简劲"。如《王罴传》记王罴守荆州时与将士同甘共苦的精神，仓促间乃"袒身露髻徒跣"迎击敌人的气概，以及"老罴当道卧，貙子安得过"的决心，都写得简洁有力，人物形象跃然纸上。又如《韦孝宽传》记韦孝宽守玉壁之战，作者把他的机智、胆识和慷慨激昂的精神都写得栩栩如生，读来令人感奋。宋人叶适说，这两篇传，"学者能详看，所长气力不少"，这就不仅是从文笔的简洁而且还从历史文学的教育作用来推崇《周书》了。历史文学是指史学家对历史表述的艺术性，这是中国史学上的优良传统之一。《左传》《史记》《资治通鉴》在历史文学上的成就是众所公认的。《周书》在这方面的成就虽不如它们突出，但也确有值得注意和总结的地方，《王罴传》和《韦孝宽传》只不过是其中比较突出的例子罢了。

缺点

周书主编人令狐德棻的祖父令狐整是北周的大将军，宇文政权骨干人物之一，其他两个编写人也在不同程度上和宇文政权有千丝万缕的联系。而更重要的是，这样的家世不止是周书编者所特有，包括唐朝王室在内的唐初当权人物，也多半就是西魏、北周骨干人物的嫡派子孙。凡是唐朝的达官贵戚，周书总要想法为他们在周代的祖先立传，并往往不惜歪曲事实加以颂扬。比如，杜杲并无多少值得记载的事迹，但他却是唐朝宰相杜如晦的曾伯祖，杜家是关中头等门阀，唐朝谚语说"城南韦、杜，去天尺五"，周书没有杜家的传，不是"缺陷"吗？因此特为杜杲立专传，但由于事迹实在不多，只得把他出使陈朝的一些无谓的应对之辞塞进传中，以充篇幅。萧詧是梁朝的宗室，为了争夺帝位，不惜勾结西魏军队进攻梁朝的疆土，导致江陵十余万人民沦为奴婢的惨祸，自己卑躬屈节，充当西魏军监护下的傀儡皇帝。而书中竟给他作出"盖有英雄之志，霸王之略"这样与本人立身行事截然相反的评语。其所以如此，正是因为这个萧詧是唐朝另一个宰相萧瑀的祖父。这类例子，周书中举不胜举。连唐代另一封建史家刘知几也说：唐初编写五朝史的特点，是朝廷贵臣，必父祖有传，而且"事有不同，言多爽实"。这种情况，虽为五朝史所共有，但周书显得比较突出。

周书在收集、考订史料方面也存在着问题。它的资料来源，大致可以分为两类。一是旧史，包括西魏史官柳虬所写（可能周代史官曾经续写）的官史和隋代牛弘没有完成的周史；二是唐初为了修史而徵集的家状之类。牛史是本书的蓝本。刘知几曾经说过，周书只凭牛史，重加润色，不能别求他述，用广异文，可见周书根据的资料是很贫乏的。而且在很有限的资料范围内，考核修订的工作也是很草率的。我们曾将庾信为当时官僚贵族所作的碑志和本书有关列传比对，年月历官常有出入，其中有些可以确定是本传错了的。还有不少记事记年自相矛盾的地方。

《隋书》

简介

唐武德四年（公元 621 年），令狐德棻提出修梁、陈、北齐、北周、隋等五朝史的建议。次年，唐朝廷命史臣编修，但数年过后，仍未成书。贞观三年（公元 629 年），重修五朝史，由魏征"总知其务"，并主编《隋书》。参加隋书编修的还有颜师古、孔颖达、许敬宗等人。贞观十年（公元 636 年），隋书的帝纪、列传和其他四朝史同时完成，合称"五代史"。

主要内容

现行《隋书》共八十五卷，分为两个部分：一部分是纪传部分，由魏徵主编，成书于唐太宗贞观十年（636 年）；另一部分为史志部分，始修于贞观十五年（641 年），成于唐高宗显庆元年（656 年），是由长孙无忌监修的。

《隋书》十志包括：《仪礼志》7 卷，《音乐志》《律历志》《天文志》各 3 卷，《五行志》二卷，《百官志》《地理志》各三卷，《食货志》《刑法志》各 1 卷，《经籍志》四卷。

《隋志》继承了《汉书》十志的传统，它记述典章制度的范围，实际上包括了已有史志的各个方面，较全面地展现了封建社会的政权结构、统治规模和学术文化的面貌。

《隋志》写得一般都很有章法，每志都有序论概述历史源流和本志要旨，然后按五个朝代分段记述史实，给人以清晰、严整的印象。《仪礼志》记载封建礼制方面的内容，贯彻着维护等级制度的宗旨。《音乐志》除记录祭天地、祀鬼神的乐章外，还记载当时杂技的各种表演和域外音乐的内流，是有价值的艺术史料。

《律历志》《天文志》和《五行志》记载了不少神秘主义的东西，是统治者用天意来为现实服务的工具。但是其中记有不少科学的内容，反映了南北朝以来天文历算方面的成就。《食货志》和《刑法志》篇幅较小，内容却很重要。它们写出了南北朝时期土地、赋役、货币和刑法制度的变迁，反映了当时社会经济结构和封建统治的特点。

《百官志》记载当时封建国家的政权结构，记述了各朝的官制、官职及其沿革情况。

《地理志》反映当时国家的行政区划，它确记了隋大业年间中国的郡、县、户、口、垦田数字，记述了各朝所置郡县沿革和当时的自然山川状况。

《隋书·经籍志》在十志当中价值最为突出，它是《汉书·艺文志》之后，最重要的一部史志目录专著。它考究了书籍的存亡，著录了各种书籍，为人们研究古籍流传情况和进行辑佚、辨伪等文献整理工作提供了重要的指导线索。在图书分类上，它采用最新出现的经、史、子、集四部分类法，对于唐以后的图书分类法产生了很大影响。在写法上，它的大小序齐全，对于各门学术及其分支学科都能抓住要害，进行提纲挈领的评介，起到了辨章学术、考镜源流的作用。对于古代目录学的发展，《隋书·经籍志》起到了重要

的促进作用。《隋书》十志的编纂成功，对于《通典》有直接的
影响。

主要特点

《隋书》的纪传在编次上注重以类相从的方法，体例比较严整。
如列传分为十六类，比以前的史书都要严密而妥当些。其中把少数
民族史划成东夷、南蛮、西域、北狄四个方面，分别得更为清楚。
因为参加写作的都是当时著名学者，所以《隋书》在笔法上也更简
炼，严整一些。在历史记载上，《隋书》纪传中保存了不少有用的
材料。如《万宝常传》记录《乐谱》六十四种，《张玄胄传》记载
其精密天文推算的结果，《琉球传》记载台湾居民社会组织、经济
生活以及与大陆联系状况等等，都具有相当高的史料价值。至于注
重传主的官阶履历，把个人传记写得如同案牍公文，缺少生动、活
泼的历史活动内容，这样的毛病，在五代史中普遍存在，《隋书》
也是如此。

《隋书》的一个重要特点，就是全书贯串了以史为鉴的思想。
主编魏徵在给唐太宗上书时曾经说过，"殷鉴不远，在夏后之世。
臣愿当今之动静。以隋为鉴，则存亡治乱可得而知。"惟其想到以
史为鉴，所以对隋是如何灭亡的，对隋君臣上下骄奢淫逸的腐朽生
活，可谓有淋漓尽致的描写和入木三分的揭露。比如对隋炀帝大兴
土木、荒淫无耻、三游江都，都有翔实的叙写。又因为魏徵等编书
者有意写出人民对隋王朝的反抗情绪，因此在《隋书》中也较多地
叙述了隋末农民大起义的史实，这在《炀帝纪》两卷中记载最为具
体。据统计，在纪传部分的五十五卷中有二十多卷，以及在《食货

志》《五行志》里，记载了有关农民起义的情况。

《隋书》中值得重视的是它的史论，史论出自富于政治经验的魏征之手，它把论史与论政结合起来，以隋朝的兴亡为借鉴，阐发出不少深刻的政治思想和历史见解，给人们的教益是不小的。

《隋书》史论认真总结了隋朝兴亡的经验教训。认为隋炀帝骄横残暴的统治，是隋朝灭亡的根本原因。它比较了文帝与炀帝社会状况和统治政策的不同，指出文帝进行统一战争意在安定天下，虽然初起时国力不强，最后终于取得成功。炀帝穷兵黩武，骚动天下，就是再稳固的江山也会土崩瓦解。这样的历史结论是深刻的，对于唐初的施政方针来说，针对性也是相当强的。

魏征认为国家要想长治久安，建立一个稳固的统治秩序是十分必要的。建立理想的秩序，关键是对百姓进行教化，因此统治者应抚恤民众，休养民力，务使百姓安居乐业。

在这个统治秩序中，封建官吏起着承上启下的重要作用，书中赞扬那些"内怀直道，至诚待物，故得所居而化，所去见思"（《隋书·循吏传序》）的循吏，而鞭笞那些庸俗、贪婪、无能的官吏。抓住教化和用人两个环节，要求用适当人才来实施理想统治，应该说对于封建统治来说还是至关重要的。

《隋书》的史论还探讨了隋朝的君臣关系和朝政得失，评论了隋朝重要历史人物的功过是非及历史作用，阐发了作者的人才思想、法治思想等，对于封建社会的政治家、史学家都是很有启发的。此书为配合梁、陈、齐、周、隋五代史而修，实际是上接《晋书》书志部分的南北朝典章制度专史。最初为单行本，因为其内容以隋为主，隋代又居五代最末，所以后来被编入《隋书》。现在被称为《隋书》十志。

价值

《隋书》的作者都是饱学之士，具有很高的修史水平。《隋书》是现存最早的隋史专著，也是《二十五史》中修史水平较高的史籍之一。

《隋书》的修史水平是较高的。一是因为当时唐朝集中了一大批有才之士：先后参加编写的孔颖达、许敬宗、于志宁皆名列贞观时期著名的"十八学士"之列；颜师古是当时名垂一时的经史大师；负责修撰天文、律历的是唐代著名天文学家李淳风。这样，《隋书》的修撰，便得到了学术上的保证。二是因为修史当时离亡隋时间较近，有不少隋朝的史料尚可资证。如隋人王劭撰的《隋书》八十卷，便保存着许多隋王朝的诏策。此外，当时也还存有数十卷《开皇起居注》等。更重要的是，唐贞观时离隋炀帝时不过二十余年，有许多隋朝遗老仍健在于世，可以通过访查直补史事。《旧唐书·孙思》便载："魏徵等受诏修齐、梁、陈、周、隋五代史，恐有遗漏，屡访之。"说明修《隋书》时，史官们曾访问过不少人。还有不少修史的作者本人就在隋朝生活过，有着亲身的经历，因而史实也就较为准确。三是作为主编的魏徵，历史上素称谏臣，号为"良史"，他主编修史时一般能坚持据事直书，不像后代史书的一些纪传有那么多的忌讳。

优缺点

《隋书》还有个优点，就是比起其他同类史书来，它较少隐讳。

比如，尽管虞世南在唐朝已成为唐太宗十分信任的大臣，但纪传中写到他哥哥虞世基的罪恶时，丝毫不加掩饰，再如，尽管裴矩、何稠等人已为唐臣，但对他们在隋朝的作为，也不加任何掩饰。至如隋炀帝杀害其父隋文帝，以及和文帝宠姬宣华夫人的那些肮脏事实，《隋书》也是毫不留情，秉直书写。这些方面都是《隋书》胜于其它史书的地方。当然，《隋书》的作者也不免历史的局限，因为碍于情面或政治上某些因素，在写到某些人物时也有回护或偏爱的地方。如卷六十六中的《房彦谦传》便是一例，房彦谦官微职卑，位不过州司马、县令，一生又无重大事迹可记，只因为他是唐太宗时的宰相房玄龄的父亲，便破格收入列传。这在封建社会的史书里，也算是难以避免的吧。

《隋书》另一个可取的地方，是保存了南北朝以来大量的典章制度，为后人研究隋代以及前几朝的政治、经济、文化制度，保留了丰富的资料。南北朝时期，留下来的典章制度方面的史料极少，而《隋书》的史志部分，多达三十卷，包括礼仪、音乐、律历、天文、五行、食货、刑法、百官、地理、经籍十志。这十志不仅叙述了隋朝的典章制度，而且概括了梁、陈、北齐、北周的政治、经济情况，有的甚至追溯到汉魏。例如《食货志》记载了自东晋以来的等级制度和货币制度；《地理志》记载了南北朝以来的建置沿革；《律历志》和《天文志》总结了南北朝以后一百多年来天文学方面的成就；关于祖冲之的圆周率的详细记录，也保存在《隋书》中。《隋书》的《经籍志》是继《汉书·艺文志》后的一部十分重要的目录书，叙述了自汉至隋凡六百年中国书籍之存亡、学术之演变，是对中国古代书籍和学术史的第二次总结，也是对中国学术文化史的一大贡献。《隋书·经籍志》还有一个重要贡献，就是为中国以后的四部图书分类奠定了基础。《汉书·艺文志》曾把天下图书分编为六大类，到东晋李充造《四部书目》，始分书籍为四部。《隋书·经籍志》吸取其长，正式将各类书籍标出经、史、子、集四大类，其下再分四十小类。这种图书分类法，为后世遵用达一千余年。

《隋书》也有缺点。例如它过分强调"天道"和"帝王之道"，这当然是唯心主义的观点。此外，由于隋末丧乱，图书散佚严重，因此在撰写时，也常常有史料不足的缺陷。有些传只能注明"图籍在记，多从散逸，不能详备"，造成某些传记空洞无物。

《隋书》最早刻于北宋天圣二年（1024），已失传。另有南宋嘉定间刻本残卷六十五卷及南宋另一刻本残存五卷传世。元朝大德年间饶州路刻本是比较好的版本，涵芬楼百衲本《隋书》即据此影印。清乾隆年间武英殿刊本是较为流行的版本。1973 年中华书局影印的校点本即依据以上数种版本校勘整理而成，是目前最好的通行本。

总之，《隋书》十志虽成于众手，但作者都是学有所长的专家，因此它的内容丰富、充实。在正史书志中，一直享有较高的声誉。

《南史》《北史》

《南史》

简介

《南史》，唐朝李延寿撰，中国历代官修正史"二十四史"之一。纪传体，共八十卷，含本纪十卷，列传七十卷，上起宋武帝刘裕永初元年（420 年），下迄陈后主陈叔宝祯明三年（589 年）。记载南朝宋、齐、梁、陈四国一百七十年史事。《南史》与《北史》为姊妹篇，是由李大师及其子李延寿两代人编撰完成的。

著作特点

1. 没有采取编年体

《南史》没有采取编年体，而是把南朝各史的纪传汇合起来，删繁就简，以便阅读。列传中不同朝代的父子祖孙，以家族为单位合为一卷，对于了解门阀制度盛行的南北朝社会，有一定的方便。对各朝正史以删节为主，但有应删而未删的，如宋、齐、梁、陈四朝受禅前后的九锡文和告天之词等官样文章；有过求简练以致混乱不确切的，如把都督某某几州诸军事、某州刺史的官衔，一律省成某某州刺史加都督；也有由于对原书史文未能很好领会而把重要字句删去的。《南史》中也有沈约《宋书》、萧子显《南齐书》等书中所未载的材料。虽然细微琐事较多，而且杂以神怪迷信，但也不乏有意义的史料。《宋书》未立文学传，《南史》以因袭为主，因而文学传不包括宋而从南齐丘灵鞠开始。这说明李延寿撰写《南史》《北史》的体制是汇集正史的纪传，因而拘泥于原书，没有达到李大师横则沟通南北，纵则贯串几代，综合成为新著的意图。《新唐书》李延寿传的评语说，"其书颇有条理，删落酿辞，过本书远甚"，是不恰当的。

2. 文字简明

《南史》文字简明，事增文省，在史学上占有重要地位。其不足处在于作者突出门阀士族地位，过多采用家传形式。例如将不同朝代的一族一姓人物不分年代，集中于一篇中叙述，实际成为大族族谱。以王、谢等大家为主，《列传》多附传，附传的人物多属家族成员，例如《南史·袁湛传》附传人物达十二人，《北史·陆俟传》附传多至二十人，前后相去百余年，乃至于有大量的神怪迷信，王鸣盛批此甚谬妄。《南史》《北史》中，某些传文亦有重复现象。

《北史》

简介

《北史》一百卷，其中本纪十二卷，列传八十八卷。记述北朝从公元 386 年到 618 年，魏、齐（包括东魏）、周（包括西魏）、隋四个封建政权共二百三十三年的历史。

《北史》主要在魏、齐、周、隋四书基础上删订改编而成，但也参考了当时所见各种杂史，增补了不少材料。

总的来看，《北史》虽有内容偶呈芜杂之弊，但毕竟体例完整、材料充实、文字简练，在后代颇受重视，以致魏、齐、周三书唐以后皆残缺不完，后人又多取《北史》加以补足。作为研究北朝历史的资料，《北史》与魏、齐、周、隋四书有互相补充的作用，不可偏废。

内容介绍

《北史》上起北魏登国元年（386 年），下迄隋义宁二年（618 年），记北朝北魏、西魏、东魏、北周、北齐及隋六代二百三十三年史事。应当指出的是，隋代的最初九年即开皇元年至开皇九年（581～589年）的历史，可以作为北朝历史看待；至于开皇九年隋灭陈统一全国以后的历史，本是统一的封建皇朝的历史，把这一段历史看成北朝史而写入《北史》是不恰当的。当然，也许是作者考虑到编纂上的困难，不得不作这样的安排，但我们今天来看待和叙述北朝史，则不应沿袭《北史》的做法。

《南史》和《北史》的批评

李延寿的《南》《北》二"史"，确是史籍中的"佳构"！吾人试看它的书中，虽于"谈嘲"等小事，亦竟无所不载。而其叙事的"简劲"，比之于南、北两"朝"的"本史"，觉其全无烦冗芜秽之词，窃以为陈寿《三国志》而后，只有延寿的《南》《北史》可以亚之。所缺憾者，惜其不为"二史"作"志书"，致使数代的制度沿革，都泯灭而不见了！然《通鉴外纪序》云："李延寿，总'八朝'为《南北史》，言词卑弱，义例烦杂，书无'表''志'，沿革不全，故论其书者，或曰'不及本史'，或曰'过本史远甚'"云云，实非笃论！

今考《宋书》《南齐书》《魏书》，本觉得芜杂太甚，延寿把它删去芜词，专叙实事，大概多较原书事多而文省。其于《梁书》《陈书》《北齐书》《周书》《隋书》，则增删俱不甚多，因这"五史"本唐朝初年各名人所修，已属"善本"的缘故。至后人讥他："好以删削自表，不论其事之有无关系，极力刊除，所存无几，分合颠倒，割截搭配，使之尽易其故处"，而以为不当，这也未必尽然！夫总"八代"的事情，而勒成"二史"，其删繁就简之处，自然应当稍为移易，以免"复出"的弊病。总之，延寿于此二书，其布置分合，颇费苦心，吾人正未可轻议其"缺失"咧！

总括

《南史》《北史》的作者李延寿撰写这两部书，本是为了"追终先志"，继承父亲李大师未竟的事业。李大师（570 – 628），字君威，隋唐之际人。他熟悉前代历史，又长于评论当世人物，青年时代就产生了撰写一部编年体南北朝史的志向。但他着手做这件工作时，已是唐朝武德初年了。不久，他因生活条件的变化，又曾一度中辍了这件事。当他再次获得从事于此种撰述机会时，已是武德九年（626 年），而他在贞观二年（628 年）就去世了。他在临终之前，因"所撰未毕，以为没齿之恨"。父亲的事业和遗恨，深深地影响着李延寿，对他产生了一种感召的力量。李延寿，字遐龄，贞观初年参与《隋书》编撰工作，从这时起，他就决心把南北朝史写出来。以实现父亲的遗愿。李延寿用了十五六年的时间搜集资料，而在贞观十七年（643 年）因参与修撰《五代史志》的工作，便得以广泛阅读宋、齐、梁、陈、魏、齐，周、隋八朝正史，于是正式开始撰写《南史》《北史》。除八朝正史外，李延寿还参考各种杂史一千余卷，历时十六年，于唐高宗显庆四年（659 年），撰成《南史》《北史》共一百八十卷。据说唐高宗还为《南史》《北史》写了一篇序，可惜这篇序文早已失传。

《南史》《北史》主要取材于宋、齐、梁、陈、魏、齐、周、隋八书。李延寿撰写"二史"的方法是对"八书"进行"抄录"和"连缀"，并"鸠聚遗逸，以广异闻"，"除其冗长，捃其菁华"。

这是一个改写、补充和删节的过程，并非一般的抄录可比。不过，李大师原来是打算"编年以备南北"，而李延寿却以纪传体撰成《南史》《北史》，这是后者在"追终先志"远程中的一个变化，无碍于他们共同的目的和旨趣。了解了上面这些基本情况，对于怎样读《南史》《北史》的问题就比较好理解了。

在二十五史中，《史记》是完全意义上的通史，而《南史》是通宋、齐、梁、陈四个皇朝的历史，《北史》是通北魏、东魏、西魏、北齐、北周、隋六个皇朝的历史，它们分别把南朝和北朝（包括隋朝）看作一个大的历史阶段，故可视为一定意义上的通史。李延寿说，他撰《南史》《北史》，是"以拟司马迁《史记》"，当然不只是指采用纪传体而言，也包含了"通"的思想和要求。正因为如此，唐代史学评论家刘知几在讲到《南史》《北史》时，把它们都归于"《史记》之流"。这说明前人就很重视《南史》《北史》在"通"的方面的特点。

把《南史》《北史》作为一定意义上的通史来读，一则有益于了解整个南朝和整个北朝历史发展的脉络，有助于我们从总体上去认识和思考南北朝时期的历史问题。再则，这也有益于我们了解作者分别把南北朝各朝历史贯串一气的历史见解和撰述思想，并对前人批评它们"以家为限断不以代为限断"的论点有恰当的认识。应当说，在以某一个皇朝的兴衰存亡为断限而著史的历史环境下，李延寿能够以数代之史为一史，"断代为仍行通法"，无疑是个创造。

《旧唐书》《新唐书》

《旧唐书》简介

唐代（618—907）是中国封建社会的一个重要时期。五代后晋时官修的《旧唐书》，是现存最早的系统记录唐代历史的一部史籍。它原名《唐书》，宋代欧阳修、宋祁等编写的《新唐书》问世后，才改称《旧唐书》。《旧唐书》共二百卷，包括本纪二十卷，志三十卷，列传一百五十卷。

《旧唐书》内容特点

本纪部分

高祖至代宗，基本脱胎于吴兢、韦述等《唐书》帝纪；德宗至文宗，大体围绕相关实录多寡加减、编纂而成，与前半部已有现成帝纪可以直接引用的情况不尽相同；武宗以下，基本上采用的是贾纬《唐年补遗录》65 卷。《旧唐书》卷一八宣宗纪"史臣曰"的第一句称，"臣尝闻黎老言大中故事"。我们知道，唐宣宗实录在唐代没有纂成。唐昭宗时，裴庭裕"采宣宗朝耳闻目睹，撰成三卷，目为《东观奏记》，纳于史馆。"今本《唐会要·修国史》中的这一记载，在整部《旧唐书》中只字不见；而且连裴庭裕这个人也未提起，后晋史官似未见其人、其书，这个"尝闻黎老言大中故事"的"臣"只能是贾纬了。因为后晋史官中，只有贾纬为纂修唐史、补救唐武宗以下"缺略'而"搜访遗文及耆旧传说"，撰有《唐年补遗录》。同样，《旧唐书》卷一九上懿宗纪"史臣曰"的第一句，也是"臣常接咸通耆老，言恭惠皇帝故事'。这更证明，《旧唐书》武宗以下的帝纪是采自贾纬之书，并无裴庭裕《东观奏记》。

志 的 部 分

有一个以往都未曾注意的问题。这就是：唐代关于"礼法之沿革"的几部主要撰述，《旧唐书·经籍志》没有著录，后晋时却曾为朝廷重视过。《册府元龟》卷五五九、《旧五代史》卷七八中，都有一段关于修《大晋政统》的记载。后晋高祖天福四年（939），即诏修唐史的前二年，左谏议大夫曹国珍上奏云：

请于内外臣僚之中，择选才略之士，聚《唐六典》、前后《会要》《礼阁新仪》《大中统类》、律令格式等，精详纂集，别为一部，商议古今，俾无漏略，目之为《大晋政统》，用作成规。

其事虽未施行，但上奏中提到的几部撰述后晋时显然尚存。除了《礼阁新仪》外，其余都可以在《旧唐书》的纪、志、传找到它们的纂修情况和内容简介。前、后《会要》，即苏氏兄弟《会要》、崔铉监修《续会要》，为今本《唐会要》的前身。这类有关"礼法之沿革"的撰述，无疑是《旧唐书》十志的主要取材之源。如果分别来说，大体可以作如下概括：礼仪志7卷，主要采自《大唐开元礼》、王彦威《曲台新礼》和文宗以后的一些礼仪奏章，而编纂体例则参照了《通典·礼典》。音乐志四卷，志一主要依据前、后《会要》，并参照了《通典·乐典》；志二主要本于《通典》卷一四四至一四六各篇，并参照了前、后《会要》、昭宗时的有关奏议；志三、志四为后晋太常寺所保存或搜集的"诸庙乐章舞名"，这是修史计划中作早规定的。历志3卷，应当本于韦述《唐书》，这可从其序文中找到线索，即所谓"但取《戊寅》《麟德》《大衍》三历法，以备此志"。天文志二卷，大部分内容、文字都与今本《唐会要》卷四二至四四的相关记载同，显然采自前、后《会要》；志下"灾异编年，至德后"，不少见于各帝纪，当采自肃宗至武宗各帝实录及司天台有关记载。五行志一卷，以前、后《会要》为主要史源，并参取各帝实录、有关奏疏。地理志四卷，篇幅最长，极有可能是采自韦述《唐书·地理志》，起高祖，至代宗。职官志三卷，志一"录永泰二年官品"，志二、志三的许多文字直接录自《唐六典》及后晋尚存的《宫卫令》《军防令》等；德宗时的变革，主要录以当时的诏敕。舆服志一卷，采录《大唐开元礼》的同时，又以苏氏《会要》为另一重要史料来源。经籍志二卷，节取毋煚《古今书录》而成。食货志二卷，为最初总体规划中所无，在纂修过程中对唐代社会经济发展逐渐有较深入的认识，加之最后一任监修刘昫在后唐、后晋都以宰相判三司，总管盐铁、户部、度支，必然注意唐代中后期以来的钱谷、货物，因而增立此志。就其所记内容而言，代宗至宣宗之事详于玄宗和玄宗以前。代宗以前以韦述《唐书·食货志》为底本，而德宗至宣宗间的主要史源则是前、后《会要》。刑法志一卷，以《大中统类》、律令格式为主要史料来源。总括起来说，《旧唐书》"十一志"基本不是采用唐代实录、国史"旧本"，而是以"记礼法之沿革"的各项"专史"为主要史料来源，如《大唐开元礼》《唐六典》《通典》《会要》《续会要》《曲台新礼》《大中统类》以及律令格式等。

列传部分

以中华书局出版的点校本目录为据，立传者（包括目中出现的附传、有目无传者），除去重复，共一千八百二十余人，周边政权四十五个。

关于人物，大致有三种纂集办法。第一，吴兢、韦述《唐书》中有传者，后晋史官大都用为主要史源，或直接迻录，或略作编排。第二，韦述《唐书》以后的人物，后晋史官多据各帝实录进行剪裁。以韩愈《顺宗实录》为例，中有七人传记，即张荐、令狐峘、张万福、陆贽、阳城、王叔文、王伾、韦执谊传。对照《旧唐书》中相关列传，除不记言外，只有取舍详略和文字繁简的差异，并无规模、形制方面的不同。尤其令狐峘、张万福、阳城三传，与《旧唐书》三人传记，如出一辙。列传剪裁实录，还有一种情况，即以实录中的记事补叙到相关人物传中，如《玉海·唐河北三受降城》条所引《唐宪宗实录》一百四十余字，几乎完完整整地出现在《旧唐书·卢坦传》中。第三，国史、实录失记或记述不完整的人物，则家传、行状、墓志、文集，乃至杂史、小说，不论《经籍志》是否著录，凡武宗以前的著述，都可能是后晋史官的取材之源。

列传中的四十五个周边政权，取材情况与人物传传记不同。概括而言，不只"国史、实录旧本"，《通典》、前后《会要》、贾耽《古今郡国县道四夷述》等，都是其重要史料来源。

《新唐书》简介

《新唐书》记载中国唐代历史的纪传体史书。二百二十五卷，包括本纪十卷，志五十卷，表十五卷，列传一百五十卷。北宋宋祁、欧阳修等撰，宋仁宗嘉祐五年（1060）全书完成，由曾公亮进呈。《新唐书》所增列传多取材于本人的章奏或后人的追述，碑志石刻和各种杂史、笔记、小说都被采辑编入。

《新唐书》缺点

《新唐书》也有明显的缺点，最主要之点是封建正统思想较为严重。编写者对隋末、唐末农民起义大加挞伐。在《黄巢传》前冠以"逆臣"二字；对隋末窦建德等农民军使用了极为恶毒的词汇，如"猬毛而奋""磨牙摇毒""孽气腥焰"等等。对武则天，则诬为"弑君篡国之主"，声言写《武后本纪》目的为"著其大恶"，以便清算等等。诸如此类，都可看出《新唐书》在观点的正统方面更胜于《旧唐书》。在写法上，《新唐书》也有不及《旧唐书》的地方。例如有的纪、传失之太简，甚至作了毫无道理的砍削。清代史评家王鸣盛《十七史商榷》曾提及，《新唐书》本纪较旧书几乎减去十分之六七。有人统计，《旧唐书·本纪》部分近三十万字，到《新唐书》仅剩下九万字，而《哀帝本纪》旧书约一万三千字，新书只剩千字左右。这种过简的写法，使《新唐书》失去了许多重要史料。又由于苛求文字精炼，宋祁、欧阳修等不惜删去许多重要情节，如《旧唐书》里写得十分生动、极为悲壮的《封常清传》

《高仙芝传》，到新书删削得索然无味。尤其不应该的是由于排佛的偏见《新唐书》将玄奘、一行等事迹一概不写，致使这两位伟大翻译家和科学家，在《新唐书》中竟无反映。

新旧对比

其主要作者宋祁、欧阳修是北宋一代文宗，著名文学家。宋祁及其兄宋庠，在当时有"二宋"之称，宋人《东轩笔录》说宋祁"博学能文，天资蕴籍"；欧阳修为唐宋八大家之一，散文为其特长。他们笔下的功夫当然不同一般。参加编撰《新唐书》的其它作者，也都为北宋时期名家高手。宋仁宗嘉祐年间曾公亮《进新唐书表》中所列之范镇、王畴、宋敏求、刘羲叟等，都是当时文坛知名人物。范镇曾为翰林学士，文笔流畅，有《东斋纪事》等百余卷流传于世。王畴文辞严丽，一向为世所称。宋敏求为北宋一代掌故大家，富于藏书，曾编《唐大诏令集》和《长安志》，对唐史十分熟悉。刘羲叟是著名天文学家，后来曾助司马光编《资治通鉴》。《新唐书》用这些人主笔，自然文采粲然，体例严谨。另一方面，宋、欧等人在修《新唐书》时，态度也很认真。欧阳修负责本纪、志、表部分，撰稿六、七年。宋祁的列传部分时间更长，前后长达十余年。他曾一度为亳州太守，"出入内外"把这部稿子随身携带。在任成都知府时，每天晚宴过后，开门垂帘燃烛，几乎都要著作到深夜。这种认真谨严的态度，使《新唐书》在不少方面的确胜过《旧唐书》。

《旧唐书》因撰稿时间仓促，有些转抄自唐实录、国史的痕迹都没能抹掉，存在许多"大唐""本朝"、"今上"字样。宋祁等在新修时，把这些不伦不类的话都删削了。使《新唐书》在体例和笔法、风格上显得比《旧唐书》完整严谨得多。另外，《新唐书》在列传的标名上也作了归纳整理，如把少数民族仕唐将领合并到"诸夷蕃将传"中；把割据的藩镇也归到一起来写等等。这样，就使得眉目更为清楚。这些都是在文笔、编裁方面，新书胜过旧书之处。

通常都以新书废旧书六十一传、增三百三十一传，但对其原始根据却说法不一。有说是"文徵明《重刻旧唐书序》言"，有引作"马端临在《文献通考》中指出"，也有不少人看出马端临是引用的陈振孙《直斋书录解题》的著录："凡废传六十一，增传三百三十一。"清代钱大昕另有统计，也被认为"遗漏很多"。近年来，黄永年统计说，新书共增修了三百一十五传，包括"只有一两句话极简略"的记载，不包括"诸帝公主传所记二百一十二个公主"。事实上，那种"只有一两句话"追述其在唐代先祖的记载，作为"人名索引"开列得越细致越有利于读者，但这绝不能视为是人物小传或新增人物传，两者不应混同。其实，关于新书增废旧传的情况，《新唐书》的编修者是有他们的统计标准和统计数字的。《郡斋读书志》卷七《史评类》著录，吕夏卿撰《唐书直笔》四卷、《唐书新例须知》一卷，为其"在书局时所建明"。其中，《唐书新例须知》记有"新书比旧书增减志、传及其总数"。这就告诉人们，吕夏卿作为编修官，在当时有过统计。尽管在《郡斋读书志》的著录中未记录其"增减志、传及其总数"的具体数字，但这个统计数字无疑会存于书局，并为各编修官所熟记。据《玉海》卷四六《嘉祐新唐书》条引《国史志》云：纪十、志五十、列传百五十。凡废旧传六十一，增新传三百三十一，又增三志、四表，凡二百二十五卷、录一卷。（旧史凡一百九十万字，新史凡一百七十五万九百三十字。）所谓《国史志》，指北宋《国史》中的《艺文志》。北宋《国史》，仁宗天圣八年修成宋太祖、宋太宗、宋真宗《三朝国史》，神宗元丰五年修成宋仁宗、宋英宗《两朝国史》，南宋宋孝宗淳熙十三年修成宋神宗、宋哲宗、宋徽宗、宋钦宗《四朝国史》。其中，仁、英《两朝国史》一百二十卷，纪5卷、志四十五卷、列传七十卷，宋敏求作为史馆修撰参预其编修。因此，《两朝国史·艺文志》著录《嘉祐新唐书》，必然要依据当年书局的统计数字，更何况宋敏求又是当年《新唐书》的六编修官之一。《郡斋读书志》据此记录了"旧书约一百九十万，新书约一百七十四万（言）"，而《直斋书录解题》则据此记录了'凡废传六十一，增传三百三百十一、志三、表四"，为《文献通考》、文徵明等转相引录。笔者以两部《唐书》每卷人物列传前的目录为统计依据，除去各自的重复，所增（包括正传、附传）、所废（仅指正传）数字极为接近上面所引《国史志》的数字（诸帝公主不在统计之列），证明"废旧传六十一，增新传三百三十一"，确实是《新唐书》书局留给后人的一个权威性的统计。今后，再引月这个数字时，不要误以为是书局"局外"人的说法，并请分清其增、废的具体情况。

在史料方面，因为北宋时期比较安宁，有许多在战乱时期不易收集到的史料，到北宋初年得到了征集和整理。据专家估计，司马光修《资治通鉴》时参考史料达三百种之多，《新唐书》的修撰与《通鉴》时间相近，司马光看到的，宋、欧等势必见到。如在《新唐书》增加的《李勣传》记载立武后之争时的态度，记房玄龄论守成之难易，都是《旧唐书》和其它书所不及的。其它如《新唐书》的《食货志》里增加了唐朝屯田、和籴、矿冶等资料；《地理志》记载各地河渠陂堰的灌溉情况和各州的土特产，也都是他书少见的珍贵史料。欧阳修还是当时有数的金石大家，他对古代金石学颇有研究，曾撰《集古录》，用金石刻的记载考证史实。最有名一例，即他用孔颖达碑文考证出这位唐初杰出经史学家表字冲远的事实。这些都使《新唐书》在某些史实考证方面略胜《旧唐书》一筹。

新唐书还在列传中保存了一些旧唐书所未载的史料。自安史之乱以后，史料散失不少，唐穆宗以下又无官修实录，所以宋祁为唐后期人物立传，采用了不少小说、笔记、传状、碑志、家谱、野史等资料。同时，还增加了不少唐代晚期人物的列传。关于少数民族的种族、部落的记载，新唐书比旧唐书多而且详。据赵翼《廿二史札记·新唐书》载："观《新唐书·艺文志》所载唐代史事，无虑百数十种，皆五代修唐书时所未尝见者。据以参考，自得为详。又宋初绩学之士，各据所见闻，别有撰述。"这一切对修唐书都提供了有用的资料。许多列传中采用了小说、文集、碑志、逸史和政书等文献。诸志在采用"旧书"各志资料之外，又有新的扩大。有关实录、政书、逸史、文集、碑志以及小说等文献，均在采摘之列。

《新唐书》在体例上第一次写出了《兵志》《选举志》，系统论述唐代府兵等军事制度和科举制度。这是中国正史体裁史书的一大开创，为以后《宋史》等所沿袭，保存了中国军事制度和用人制度的许多宝贵史料。《新唐书》的宰相、方镇诸表，也给读者认识唐朝宰相族系（世家大族）的升降和藩镇势力的消长，提供了一条线索。著名史论家王鸣盛在《十七史商榷》中说："新书最佳者志、表"。这是公允的评价。自司马迁创纪、表、志、传体史书后，魏晋至五代，修史者志、表缺略，至《新唐书》始又恢复了这种体例的完整性。以后各朝史书，多循此制。这也是《新唐书》在中国史学史上的一大功劳。

《旧五代史》《新五代史》

《旧五代史》简介

《旧五代史》五代各自为书。共一百五十卷，纪六十一，志十二传七十七。按五代断代为书，梁书、唐书、晋书、汉书、周书各十余卷至五十卷不等。各代的《书》是断代史，《志》则是五代典章制度的通史，《杂传》则记述包括十国在内的各割据政权的情况。这种编写体例使全书以中原王朝的兴亡为主线，以十国的兴亡和周边民族的起伏为副线，叙述条理清晰，较好地展现了这段历史的面貌。对于南方和北汉十国以及周围少数民族政权如契丹、吐蕃等，则以《世袭列传》《僭伪列传》《外国列传》来概括。因此这部书虽名为五代史，实为当时整个五代十国时期各民族的一部断代史。

《旧五代史》，原名《五代史》，也称《梁唐晋汉周书》，后人为区别于欧阳修的《新五代史》，便习称《旧五代史》。后欧阳修五代史记出，称为新五代史，薛史则称为旧五代史。原书已佚，现行本是清乾隆四十年（1775 年）时的辑本。这是由宋太祖诏令编纂的官修史书。薛居正（912—981）监修，卢多逊、扈蒙、张澹、李昉、刘兼、李穆、李九龄等同修。

十国中对五代称臣奉朔各国，如荆南（南平）、楚、吴越等，入《世袭传》，余入《僭伪传》，契丹、吐蕃等入《外国传》。该书取材于各朝实录及范质《五代通录》等书，文献完备；且修史时五代结束未久，编撰人对当时情况多能了解，故史料较丰富。自金章宗泰和七年（1207）明令立欧阳修《五代史记》于学官后，该书渐废。

从宋朝藏书家晁公武《郡斋读书志》的记载看，《旧五代史》的实际作者有卢多逊、扈蒙、张澹、李昉等诸人。他们是当时的学者名流，在《宋史》里都有传。史称卢多逊少年成名，甚有"笃学"；扈、张二人也是"少能文"，"幼而好学，有才藻"；李昉更是知识广博，曾主编过《文苑英华》《太平广记》等大部头类书。他们大部分又在五代时期生活过一段，对那段历史比较了解，因此《旧五代史》材料较为丰富。尤其是保存了许多后来已经散佚的当时的诏令公文和当时人写的"行状"、墓志铭等，这都是人物传纪的第一手的资料。《四库全书总目提要》评论说："其时秉笔之臣，尚多逮事五代，见闻较近，纪、传皆首尾完具，可以征信。"因此，宋初《旧五代史》编成后，受到文人和史家的重视。司马光修《资治通鉴》，以及后来胡三省撰《通鉴注》，皆从中取材甚多；北宋文坛名家沈括、洪迈等人的著作也多加援引。又因为此书修于北宋太祖开宝六年，此时南方诸国尚存，许多编者对南方史事更为熟悉，因而更多地编进了有关十国的第一手资料。直到明清之际，史家吴任臣撰《十国春秋》时，还有记载说他曾向当时著名思想家黄宗羲借过《旧五代史》，这足证在《旧五代史》里包含着许多南方十国的可贵的资料。

《旧五代史》也有不少缺点。其中最主要的是因为成书太快，因而来不及对史料加以慎重的鉴别，有的照抄五代时期的实录，以至把当时人明显为了某种政治目的而歪曲史实和溢美人物的不实之辞录入书中。如对后唐的权臣张全义，传中就大肆赞美他的治洛（阳）的功勋，而讳言其大量丑行。而这些丑闻在后来宋人王禹偁写的《五代史阙文》中揭露甚多。正由于这样，赵翼的《廿二史札记》对

《旧五代史》指责很多，专门写了"薛史书法回护处"和"薛史失检处"两个专题，举了好些例证说明薛史的不实。但是从史料角度说，"薛史"为后人保存了大量原始资料，这毕竟是它的功劳。尤其经过长期南北分裂混乱，许多五代时期的"实录"和其它第一手材料大部散佚，因而这部近乎"实录"压缩本的史书，价值就更高了。

《新五代史》

《新五代史》，宋欧阳修撰，原名《五代史记》，后世为区别于薛居正等官修的五代史，称为新五代史。全书共七十四卷，本纪十二卷、列传四十五卷、考三卷、世家及年谱十一卷、四夷附录三卷。记载了自后梁开平元年（907年）至后周显德七年（960年）共五十三年的历史。《新五代史》撰写时，增加了《旧五代史》所未能见到的史料，如《五代会要》《五代史补》等，因此内容更加翔实。但《新五代史》对旧"志"部分大加削繁，则不足为训，故史料价值比《旧五代史》要略逊一筹。

《新五代史》仿《春秋》笔法，用不同的字句表现微言大义，个人好恶往往影响了史实的记述，终于招致了后人的批评。但是，欧阳修是宋代著名的文学大家，古文运动的领导人和集大成者，所以《新五代史》文笔简洁，叙事生动，当时人就认为它的笔力与《史记》不相上下。《新五代史》的文笔之出色，的确在二十四史中是罕见的。

《新五代史》问世后，即有徐无党注。但徐注旨在解释《春秋》笔法、阐述微言大意，对读者并无多少裨益。金章宗泰和七年（1207），明令立该书于学官，从此大行于世。

对《新五代史》进行考订的著作主要有：宋吴缜撰《五代史纂误》三卷，专取五代史本文，摘其舛误，辑为一书；清吴兰庭撰《五代史记纂误补》六卷，主要是补吴缜《纂误》之作，共载三百零九事；清人对"欧史"考补之作还有杨陆荣撰《五代史记志疑》四卷，杜贵墀撰《五代史记注削繁》以及牛坤撰《五代史续补》二卷（补义儿传九十三人）等。

新旧对比

就整体而论，《新五代史》的史料价值比《旧五代史》要略逊一筹，这是欧阳修在删繁就简时，将不少具体资料也一同删去所造成的。至于他对旧"志"部分的大肆砍削，人为造成史料空白，更是不足为训。但《新五代史》后出，采用了实录以外的笔记、小说等多种材料，在删削的同时也新增了一些史料。

《新五代史》新增史料最多的是《十国世家》。列传人物部分也有补充，欧阳修采用了新的材料以及笔记、小说中的材料，补充了事实，使人物事迹更为生动、丰富。对于少数民族的记述，也有新的增加，如根据胡峤《陷虏记》，记述了在契丹的亲身见闻。在《于阗录》中记述了高如晦出使于阗时所见到的沿途各国的山川、风土情况。在《司天考》中，欧阳修将后周天文学家王朴的《钦天历经》四篇的主要内容记录下来，因为《旧五代史》这部分内容已经不全，所以欧阳修的记录在我国天文学史上是有重要贡献的。

此外，欧阳修对所采用的史料进行了细致的考辨，订正了《旧五代史》和其他史籍的不少错误。由于《旧五代史》已非原帙，残缺不全，《新五代史》特有的价值就更不应低估。再从其它角度来着眼，欧阳修撰史，浑然一体，结构严谨，选材讲究，文字凝炼；思想上不像旧史那样大肆渲染"天命"而注重人事；创《职方考》用表的形式，将二百九十余州郡的废置更易情况明白地显示出来。独树一帜，提纲挈领，眉清目秀，颇受称道，都是它的长处。

总的来看，两部五代史互有短长，现存《旧五代史》全书是《新五代史》的两倍多，旧史列传人物四百六十余人，新史只有二百五十六人；旧史有志十篇，新史只有二篇。新史的世家十卷，对十国历史的记述更为完备。在个别人物传的字数上也多于旧史。这两部史著都是研究五代十国历史的重要材料。

由于欧阳修编写新五代史后于旧五代史，看到了旧五代史编撰者所没有看到的一些资料，他往往采用小说、笔记之类的记载，补充了旧五代史中所没有的一些史实。如王景仁、郭崇韬、安重诲、李茂贞、孔谦、王彦章、段凝、赵在礼、范延光、卢文纪、马胤孙、姚顗、崔税、吕琦、杨渥等传都或多或少地补充了若干事实，有些则插入比较生动的情节，以小见大，使读者加深对五代时期的人物和事件的了解。就历史资料方面而言，新五代史和旧五代史是可以互为补充的。

另外，两部《五代史》缺门也有不少，清人补作计有四种：周嘉猷《五代史纪年表》，陈恕的《五代地理考》1卷，顾櫰三与宋祖骏各作的《补五代史艺文志》1卷。

每天读点

经史子集

丁宥允 ◎ 著

下

中国出版集团
现代出版社

图书在版编目（CIP）数据

每天读点经史子集（下）／丁宥允编著． —北京：现代
出版社，2014.1

ISBN 978-7-5143-2146-3

Ⅰ．①每… Ⅱ．①丁… Ⅲ．①古籍－中国－青年读物
②古籍－中国－少年读物 Ⅳ．①Z838－49

中国版本图书馆 CIP 数据核字（2014）第 008597 号

作　　者　丁宥允
责任编辑　王敬一
出版发行　现代出版社
通讯地址　北京市安定门外安华里 504 号
邮政编码　100011
电　　话　010－64267325 64245264（传真）
网　　址　www.1980xd.com
电子邮箱　xiandai@ cnpitc. com. cn
印　　刷　唐山富达印务有限公司
开　　本　710mm×1000mm　1/16
印　　张　16
版　　次　2014 年 1 月第 1 版　2023 年 5 月第 3 次印刷
书　　号　ISBN 978-7-5143-2146-3
定　　价　76.00 元（上下册）

目 录

第二章 史部(下)

第三章 子 部

第四章 集 部

第二章　史部（下）

《宋史》

简介

　　《宋史》是二十五史之一，於元末至正三年（1343 年）由丞相脱脱和阿鲁图先后主持修撰，《宋史》与《辽史》《金史》同时修撰。《宋史》全书有本纪四十七卷，志一百六十二卷，表三十二卷，列传二百五十五卷，共计四百九十六卷，约五百万字，是二十五史中篇幅最庞大的一部官修史书。

特点

　　《宋史》的特点是史料丰富，叙事详尽。两宋时期，经济繁荣，文化学术活跃，雕版印刷盛行，编写的史书，便于刊布流传。科举制的发展，形成庞大的文官群，他们的俸禄优厚，有很好的条件著述。加之统治者重视修撰本朝史，更促成宋代史学的发达。修撰本朝史的工作，在北宋前期由崇文院承担；王安石变法改革官制后，主要由秘书省负责。官修的当代史有记载皇帝言行的起居注，记载宰相、执政议事及与皇帝问对的时政记，根据起居注、时政记等按月日编的日历，详细记载典章制度的会要，还有编年体的"实录"和纪传体的"国史"。元末修撰的这部宋史，是元人利用旧有宋朝国史编撰而成，基本上保存了宋朝国史的原貌。

宋史对于宋代的政治、经济、军事、文化、民族关系、典章制度以及活动在这一历史时期的许多人物都做了较为详尽的记载，是研究两宋三百多年历史的基本史料。例如，从《宋史·食货志》中，不仅可以看到两宋社会经济发展的概况和我国各民族、各地区之间经济联系的加强，还可以看到劳动人民创造的超越往代的巨大物质财富和他们所遭受的残酷剥削。天文志、律历志、五行志等，保存了许多天文气象资料、科学数据以及关于地震等自然灾害的丰富史料。

除官修的当代史外，私家撰述的历史著作也不少，像南宋初年史学家李焘编撰的《续资治通鉴长编》，专记北宋一代史实；南宋孝宗时的史学家徐梦莘修撰的《三朝北盟会编》，专记徽宗、钦宗、高宗三朝与金和战的关系。因此元朝修《宋史》时，拥有足够的资料。以志来说，《宋史》共十五志，一百六十二卷，约占全书三分之一篇幅，仅次于列传。其例目之多，分量之大，也是二十五史所仅见。其中的《职官志》，详细地记述了宋朝从中央到地方各级官僚机构的组织情况，还包括职官的食邑、荫补、俸禄等，从中可以看出宋朝专制主义中央集权的加强。此外，《地理志》《职官志》《食货志》《兵志》编得也比较好。《宋史》的志书基本上能反映当时政治、经济、军事和文化各方面的情况。

优点

《宋史》尽管疏漏较多，但仍保存了不少已失散的原始资料，是了解和研究两宋历史的重要史书。明清以来，不少人对《宋史》加以纠正或补充。成书的有明朝柯维骐的《宋史新编》二百卷，合宋、辽、金史为一编，以宋为正统。《宋史新编》订正了《宋史》的一些错误，但史料的丰富远不及《宋史》。清末陆心源的《宋史翼》四十卷，根据历代碑文及私人笔记，增补《宋史》列传七百八十三人，附传六十四人。

尽管《宋史》存在不少缺点，但是它卷帙浩繁，比《旧唐书·列传》多出一倍；叙事详尽，就史料的学术价值而言详胜于略。同时《宋史》的主要材料是宋代的国史、实录、日历等书，这些史籍如今几乎全部佚失了，而《宋史》是保存宋代官方和私家史料最有系统的一部书。

《宋史》的体例完备，融会贯通了以往纪传体史书所有体例，纪、传、表、志俱全，而且有所创新。如外国和蛮夷分别列传，这就分清了国内的民族和国外的邻邦的界限。《宋史》的列传比前代史书都丰富，共收入两千多人。"五代史"中未列传的重要人物，如韩通，《宋史》把他和为拥周反宋的李筠、李重进一同列入《周三臣传》里，既弥补了"五代史"的不足，又反映了韩通等三人的历史作用，这种处理是十分恰当的。

《宋史》是研究辽、宋、金代历史的基本史籍之一。在现存的宋代重要史料中，唯有《宋史》贯通北宋与南宋，保存了三百二十年间的大量历史记录，很多史实都是其他书中所不载的。

特别是《宋史》的天文、五行、律历、地理、河渠、礼、乐、仪卫、舆服、选举、职官、食货、兵、刑和艺文十五志，记录了一代天文历法、典章制度、社会经济、行政沿革、图书目录等等，虽间失芜杂，为后代治史者所訾议，然其叙述之详，为二十四史中所仅见。《宋史》列传有忠义传，在儒林传外，又有道学传，也反映了宋代的一些历史特点。

缺点

《宋史》的最大缺点是比较粗糙。由于成书时间短，只用了两年零七个月，而且时值元朝濒临崩溃的前夕，因此编纂得比较草率。编写中对史料缺乏认真鉴别考订，资料也没有精心裁剪；书的结构比较混乱，编排失当，从整体来看，北宋详而南宋略，如《文苑传》里，北宋文人达八十一名，而南宋仅有十一名；《循吏传》里，南宋竟无一人。此外，宁宗以后的史实多缺而不载。列传虽然占的篇幅很大，入传的人物有两千八百多人，但缺漏的人物仍然不少。如南宋后期抵抗蒙古军守合州有功的王坚，其英勇程度，不减唐朝的张巡守睢阳，但在《宋史》中却无专传，其事迹只散见于《宋史》《元史》的本纪和列传中。又如生祭文天祥的王炎午，终身面不向北的郑思肖，爱国诗人刘克庄等，也都没有列传。有的还出现一人两传的现象：如《宋史》列传一百一十六有《李熙靖传》，二百十二又有《李熙靖传》。还有列传的编排不以时间为序，造成了前后顺序的混乱。

《宋史》尊奉道学（理学）的思想倾向很明显。在《儒林传》之前，首创《道学传》，记载了两宋的道学家，如周敦颐、程颢、

程颐、张载、邵雍、朱熹等，突出了道学的地位。再有忠义、孝
义、列女三传也都是宣扬道学思想的。其中《忠义传》里的人物竟
有二百七十八人之多。这些内容虽旨在宣扬封建的伦理道德，但为
后世研究理学，提供了宝贵的材料。

《宋史》否定王安石变法，尊崇道学，将变法派吕惠卿、曾布、
章敦等人列入奸臣传，南宋权奸史弥远祸国殃民，却未被列入奸臣
传。这也反映了元朝史官认识问题的局限性。

史学价值

《宋史》的主要史料来源是宋代的国史、实录、日历等宋朝史
官的原始记述，而这些史籍如今几乎全部佚失了，在其他书中虽然
也有引用，但取舍、详略各不相同，加上在记载宋朝历史的各种文
献中，只有《宋史》比较全面、系统地反映了政治、经济、军事、
思想、文化等各个方面的状况，内容广泛而丰富，史料价值相当
高。史料价值相当高。

史家普遍认为，《宋史》是保存宋朝官方史料和私人著述最系
统全面的一部史书，具有相当高的史料价值。要想了解宋朝历史便
不可能脱离《宋史》，后世众多的修订之作，虽然确实各有其长处，
但却不能取而代之或者与之并行于世。

宋代文治、武功略逊汉唐，然经济的发达、文化的昌明、思想
的繁荣则远超汉唐，近代大史学家陈寅恪认为，中华民族传统文化
经数千年之演变，造极于天水一朝。而要了解这一光辉灿烂的时
代，《宋史》将是一部很好的入门参考书。

《辽史》

简介

《辽史》为元脱脱等人所撰之纪传体史书，中国历代官修正史"二十四史"之一。由元至正三年（1343 年）四月开始修撰，翌年三月成书。脱脱为都总裁，铁木儿塔识、贺惟一、张起岩、欧阳玄、揭奚斯、吕思诚为总裁官，廉惠山海牙等为修史官。元修《辽史》共一百一十六卷，包括本纪三十卷，志三十二卷，表八卷，列传四十五卷，以及国语解一卷。记载上自辽太祖耶律阿保机，下至辽天祚帝耶律延禧的辽朝历史（907—1125），兼及耶律大石所建立之西辽历史。

特点

《辽史》的特点是列表较多，共有八表，仅次于《史记》和《汉书》。《辽史》的表多，减少了立传之繁，省却了许多篇幅，弥补了纪、志、传记载的不足。其中的《游幸》《部族》《属国》三表，是《辽史》的创新。通过列表，使读者对各部族、各属国的情况，以及与辽朝中央的关系，都一目了然。减省了不少笔墨。当然，表里记载的材料难免与纪、志、传中的重复，但列表多弥补了《辽史》过于简略的缺点，从而使"一代之事迹亦略备"。

在《辽史》的志书中，新创《营卫志》，记载了契丹营卫概况、各部族的建置和分布等；把《兵志》改为《兵卫志》，记述了辽的军事组织情况，包括御帐亲军、宫卫骑军、大首领部族军、众部族军、五京乡丁、属国军、边境戍兵等等。这两种志书对了解和研究辽代的政治、军事和民族情况有很大帮助。

另外，《辽史》的最后有《国语解》一卷，对书中用契丹语记载的官制、宫卫、部族、地名等分别加以注释，为阅读《辽史》提供很大方便。不过译音有不少错误，后来清朝时敕撰的《辽金元三史国语解》，弥补了这一不足。

缺点

近人说《辽史》"在历代正史中最为下乘"，此说不无道理。《辽史》同《宋史》一样成书也很仓促，而依据史料范围又比较狭窄，书中的缺陷确实是比较多的。《辽史》所据资料既少，又匆匆成书，存在许多缺点便是很自然的了。因此，数百年来，一直受到学者们的批评和指责。清代史学家顾炎武、钱大昕、赵翼等对它都有过评论。概括地说，其缺点主要表现在：

第一，过于简略，以致漏载了许多修史所必不可少的内容。如建国后，曾几次改变国号，先称契丹、后称大辽、后又称大契丹、又后复称大辽。这样重大的事实，在《辽史》中竟然没有反映。又如从整体上看，《辽史》有一百一十六卷，卷数为《宋史》的五分之一，而字数却仅四十七万字，只有后者的十分之一。

第二，记事前后矛盾。如《太祖记》载："天赞三年，获甘州回鹘都督毕离遏，因遣使谕其主乌母主可汗。"而《属国表》记载同一事件却说成是"天赞三年，获甘州回鹘郰督乌母主可汗。"究竟俘获的是毕离遏还是乌母主可汗？使人无所适从。

第三，记事错误甚多。其中既有纪年错误，如《太祖纪》：元年（907 年）"夏四月丁未朔，唐梁王朱全忠废其主，寻弑之，自立为帝，国号梁，遣使来告。"而据欧阳修《五代史记》等书记载：朱全忠自立为帝是在四月甲子，明年正月才弑济阴王；也有文字、史实错误，如《辽史》中记载道宗有寿隆年号。这显然是错误的。因为第一，道宗先帝圣宗名隆绪，断无取祖先名字作年号的道理。第二，现在所见辽代碑刻、钱币皆作"寿昌"。元修辽史时，既没有认真搜集和考订史料，再加上纪、志、表、传之间相互检对也很不够，因此前后重复，史实错误、缺漏和自相矛盾之处很多。甚至把一件事当成两件事，一个人当成两个人或三个人。这种混乱现象在二十四史中是很突出的。

《金史》

简介

《金史》是二十四史之一。撰成于元代。全书一百三十五卷，其中本纪十九卷，志三十九卷，表四卷，列传七十三卷，是反映女真族所建金朝的兴衰始末的重要史籍。

《金史》是元修三史之一，最早议修于元世祖中统二年（公元1261 年），以后在至元元年、十六年，以及仁宗朝、文宗朝都分别议论过修史的事，都因义例难定未付诸实行，直到元顺帝至正三年（公元 1343 年），才决定"各与正统"，《辽》《金》《宋》三史分别撰修。翌年十一月，《金史》告成，前后用了不到一年的时间。元朝脱脱等主持编修的《金史》，是宋、辽、金三史中编撰得最好的一部，具体参加修纂的有沙剌班、王理、伯颜、赵时敏、费著、商企翁，铁木尔塔识、张起岩、欧阳玄、王沂、杨宗瑞等，其中欧阳玄的贡献最为突出，他制订《金史》撰修的发凡举例，书中的论、赞、表、奏皆他属笔。从元顺帝至正三年（1343 年）三月开始编撰，至第二年十一月成书。全书共一百三十五卷，其中有本纪十九卷，志三十九卷，表四卷，列传七十三卷。记载了上起金太祖收国元年（1115 年）阿骨打称帝，下至金哀宗天兴三年（1234 年）蒙古灭金，共一百二十年的历史。历代对《金史》的评价很高，认为它不仅超过了《宋史》《辽史》，也比《元史》高出一等。

优点

《金史》编得好，是由于原有的底本比较好，及金朝注重史书的编纂工作。

学者们一般认为，《金史》在二十四史中虽谈不上是上乘之作，不能与《史记》《汉书》《三国志》等媲美。但是，在元末所修三史中却是最好的一部。清代史学家赵翼评论说："《金史》叙事最详略，文笔亦极老洁，迥出宋、元二史之上。"（《廿二史札记》卷十七）《四库全书总目提要》也说："元人之于此书，经营已久，与宋、辽二史仓促成书者不一样，所以本书首尾完备、条例整齐、简约而无疏漏、周赡而不繁芜，在宋、辽、金三史之中，是最为完善的。"确实，与宋、辽二史相比，其优点是比较突出的。首先，在编纂体例和内容方面，便有许多超越前史的独特之处。如《金史》不但记载了金建国以后一百二十年的历史，而且为了专门叙述金太祖先世的生平事迹，回顾了女真族建国前的历史，从而保存了女真族早期历史的珍贵材料，备受今人重视；在各《本纪》的末尾，设立了《世纪补》一篇，专门记述了几位未曾即位称帝，而被后代追认的几位皇帝的事迹，这在体例处理方面十分得体，为后代修史者所继承；此外，《金史》在最末尾专立《金国语解》一篇，用汉语标出了表现在官称、人事、物象、姓氏等等之中的女真语称谓，是参照释读《金史》及研究女真语言文字的重要资料；《金史》还根据具体需要，创立了《交聘表》，以编年体表格的方式记述了金朝与邻国（如宋、西夏、高丽）的和战及来往关系，形式新颖，内容清晰。

其次，在史料剪裁及记述方面，处理也比较得体。对重要历史事件、人物一般记载比较详细，从而反映出其历史全貌，避免了像《宋史》那样详略失当、比例失调的现象。记述历史事实也比较客观审慎，因而，真实性是比较可靠的。特别是本书的表和志，使用了大量的第一手材料，将金朝的典章制度比较系统、全面地记载下来。如《礼志》《乐志》《舆服志》《食货志》《选举志》《百官志》等。

缺点

当然，《金史》也有许多不足之处。有的重要人物没有列传，甚至无记载。如金初建策阿骨打称帝的渤海人杨朴，是阿骨打身边重要的谋臣，金建国之初，"诸事革创，朝仪制度，皆出其手"，这样重要的人物为什么在《金史》中只字未提呢？大约不会是疏漏，而是不愿把阿骨打称帝这件开创金朝基业的事，说成是渤海人的主意。有的重要事情没有记载，如天会十年（1132 年）金立的伪齐迁都汴，十二年（1134 年）金、伪齐合兵伐宋等，都是金国大事，《金史》中一概不书。此外，《金史》列传中的人名杂乱，一人多名或译名不一的现象很多。

《元史》

简介

《元史》是系统记载元朝兴亡过程的一部纪传体断代史，成书于明朝初年。由宋濂（1310 ~ 1381）、王祎（1321 ~ 1373）主编。全书二百一十卷，包括本纪四十七卷、志五十八卷、表八卷、列传九十七卷，记述了从蒙古族兴起到元朝建立和灭亡的历史。

内容

《元史》的本纪，以记载忽必烈事迹的《世祖本纪》最为详尽，有十四卷之多，占本纪篇幅的三分之一；其次是《顺帝本纪》，有十卷之多。这是因为元世祖和元顺帝在位时间都长达三十多年，原始史料丰富，所以对他们的记述就比较详细。这体现了《元史》

编纂中的实事求是的精神，材料多就多编，材料少就少编。像蒙古建国前后的史料不多，那时《元朝秘史》尚未译出，因此，成吉思汗和蒙哥的本纪就只各有一卷。

《元史》的志书，对元朝的典章制度作了比较详细的记述，保存了大批珍贵的史料。其中以《天文》《历志》《地理》《河渠》四志的史料最为珍贵。《天文志》吸取了元代杰出科学家郭守敬的研究成果。《历志》是根据元代历算家李谦的《授时历议》和郭守敬的《授时历经》编撰的。《地理志》是根据《大元一统志》，《河渠志》是根据《海运纪原》《河防通议》等书编撰的。而今，《大元一统志》等书已经散佚，《元史》中保存了这些书的内容，史料价值就更为可贵。

《元史》的列传有类传十四种，大多沿袭以往的史书，只有《释老》一传是《元史》的创新。《释老》是记载宗教方面的列传，从中可以了解宗教在元朝所居的地位和发展情况。类传中以《儒学》《列女》《孝友》《忠义》四种所记的人物最多，说明宋以来封建的思想统治在逐步加强。《元史》列传还有个特点是，所叙述的事，都有详细的年、月、日记载，这就更增加了参考价值。

《元史》的体例整齐，文字浅显，叙事明白易懂，还保留了当时的不少方言土语，这同朱元璋提倡浅显通俗的文字是分不开的。宋濂修《元史》时，遵照朱元璋的意图，强调"文词勿致于艰深，事迹务令于明白"，因此《元史》称得上是一部较好的正史。

《元史》的史料来源一是实录。二是《经世大典》。三是文集碑传。四是采访。

缺点

　　《元史》由于编修时间仓促，而且出于众手，使它不可避免地存在许多不足之处，历来就遭到学者们的非难。同时也因为它多照抄史料，所以保存了大量原始资料，使它具有比其他某些正史更高的史料价值。元十三朝实录和《经世大典》已经失传，部分内容只是靠《元史》才得以保存下来。《元史》的本纪和志占全书一半，而本纪又占全书近四分之一，保存了大量失传的史料。列传部分，由于元代史馆的资料就不完备，汉人（特别是文人）常有碑传资料可以参考，而一些蒙古名臣的资料常常无处可找，因此立传的不及一半。就列传中的蒙古、色目人而言，其中一部分人已没有别的史料可供参考，后世对这些在当时很有影响的历史人物的事迹只有通过《元史》才能了解。《元史》的编修者违反一般的修史惯例，把一些儒家学者认为不值一提的史实也记入《元史》。如本纪中记载作佛事，礼乐志中记载游皇城，列传则把佛教、道教人物排在最前面，其次是方伎传。这些内容虽还有悖惯例，但恰恰反映了元代真实的社会情况，对研究金朝、元朝时期佛教，尤其是道教各流派的情况提供了重要资料。

　　《元史》存在的不足也是很多的。就资料而言，在长期战乱之后，史籍散失很多，一时难以征集，很难完备，已经收集到的资料，限于翻译条件，也没有得到充分利用。如《元朝秘史》以及元朝的蒙古文典籍、档案等等，都是很大的缺憾。所指出的问题主要是：随得随抄，前后重复，失于剪裁；又不彼此互对，考定异同，时见抵牾。如本纪或一事而再书，列传或一人而两传。同一专名，译名不一。史文译改，有时全反原意。沿袭案牍之文，以致《河渠志》《祭祀志》出现了耿参政、田司徒、郝参政等官称而不记其名。又据案牍编宰相年表，仅删去其官衔而不予考订，以致有姓无名。

《元史》列传照抄碑志家传之类，取舍不当之处甚多。改写纪年的干支，竟有误推一甲子六十年的情况，使史实完全错乱。史料中没有具体庙号的皇帝，改写时弄错的例子甚多，如将太祖误为太宗，太宗误为太祖，宪宗误为世祖，世祖误为宪宗等。纂修人对前代和元朝蒙古族的制度也不熟悉，如宋朝各州另有军号、郡名，《地理志》述沿革，却写成某州已改为某军、某郡之类。又如蒙古各汗的斡耳朵，汗死"其帐不旷"，由后代后妃世守以享用其岁赐，《后妃表》编者竟据此名单列为某一皇帝的妻妾。如此等等。所以清人钱大昕嘲笑"修《元史》者，皆草泽腐儒，不谙掌故"，因此下笔"无不差谬"。

不过，由于《元史》的编纂距元朝灭亡只有一两年时间，元朝的一些史料，当时还没有得到。像大将常遇春攻克开平，俘获元顺帝北逃时带走的史料，因是洪武三年六月，《元史》已二次修成。这些史料就来不及引用了。又因当时的编纂人不懂蒙古文，考订的功夫也不够，造成《元史》中出现了不少问题，如有的应立传而无传，甚至开国勋臣的传记也有缺略；有的一个人立有两传。至于史实错误，译音不统一等，就更不胜枚举。因此，阅读《元史》，应参考《元朝秘史》《新元史》等书籍。

朱元璋在建国之初，立即着手组织《元史》的编纂，而且在很短的期间成书，主要出于政治上的需要。他的意图是以此来说明元朝的灭亡和明朝的兴起都出于天命"，而他自己则是"奉天承运"的真命天子。

历史评价

《元史》问世后，很多学者对它表示了不满，钱大昕则是不满者中持激烈否定态度的一个。他指出："古今史成之速，未有如《元史》者，而文之陋劣，亦无如《元史》者""开国功臣，首称四杰，而赤老温无传。尚主世胄，不过数家，而郓国亦无传。丞相见于表者五十有九人，而立传者不及其半""本纪或一事而再书，列传或一人而两传"。明朝的徐一夔也说：顺帝在位三十六年的事，既无"实录"可据，又没有参考书，只凭采访写成，恐怕史事未必核实。对于《元史》的批评，主要认为它的编纂工作过于草率，没有认真的融合贯通，基本上都是利用已有的文献资料，略加删削修改而成。

但是，作为研究元代历史的史料来看，《元史》比其他某些正史的史料价值更高。它仍是我们今天了解、研究元代历史的极其珍贵的文献。它是最早的全面、系统记述元代历史的著作。元代的十三朝实录和《经世大典》已经失传，其部分内容赖《元史》得以保存下来。《元史》的本纪和志占去全书一半，而本纪占全书近四分之一，《文宗纪》竟多达一年一卷。有人批评它不合定例，不知芟削。然而这种做法却起到保存上述失传史料的作用。列传部分，由于元代史馆的资料就不完备，汉族文人常有碑传可资参考，而一些蒙古名臣往往无从搜寻，因此立传有详于文人，略于蒙古将相大臣的现象。如丞相见于表的有五十九人，而立传的不及一半。太祖诸弟、诸子仅各有一人有传，太宗以后皇子无一人立传。可是就见于列传的蒙古、色目人而言，其中有一小半人已没有别的史料可供参考，后世对这些当时有很大影响的历史人物的事迹只能通过《元史》才能了解。纂修者违反了修史的惯例，没有删去儒家学者认为不屑一提的史实。如有人批评"作佛事则本纪必书，游皇城入之礼乐志"。又批评它"列传则先及释老，次以方技，皆不合前史遗规"。但这些保留或增加的内容，正是反映元代一些重大社会内容的史实。此外如《地理志》附录河源、西北地、安南郡县等项，《祭祀志》附国俗旧礼，《食货志》增创岁赐一卷，这都是根据元代实际情况保留下来的重要史料。

《明史》

简介

《明史》是二十四史最后一部，共三百三十二卷，包括本纪二十四卷，志七十五卷，列传二百二十卷，表十三卷。它是一部纪传体断代史，记载了自朱元璋洪武元年（公元1368年）至朱由检崇祯十七年（公元1644年）二百多年的历史。其卷数在二十四史中仅次于《宋史》，但其修纂时间之久，用力之勤却大大超过了以前诸史。修成之后，得到后代史家的好评。清史学家赵翼在《廿二史札记》卷三十一中说："近代诸史自欧阳公《五代史》外，《辽史》简略，《宋史》繁芜，《元史》草率，惟《金史》行文雅洁，叙事简括，稍为可观，然未有如《明史》之完善者。"

评价

《明史》一书，为最近"史部"中的杰作！自前清康熙时，命廷臣张玉书等开始编纂，于是缉聚官私的记载，综核新旧的见闻，勒成《明史》。然其时签轶虽多，而抵牾时复互见，惟后出之王鸿绪的"史稿"，经过了三十载的用心，其内容最为精审！此后经过了雍正一朝，重加审订之功。直至乾隆的初年，始由保和殿大学士张廷玉等修正进呈。发凡起例，首尚"谨严、据事直书，要归"忠厚"。其中曰"本纪"，曰"书志"，曰"年表"，曰"列传"，一切都仍前史的"体例"。而或详，或略，或分，或合，务求合于当时的"心迹"，扫除种种"艰深鄙秽"之言，黜去种种"荒诞奇邪"之说。数十年的中间，几经撰述者的迁流，而此三百余卷之书，便以次随时告竣。由是明朝一代的旧闻，至此始成"定论"了。

今试看它编纂的得当，好像数十人共成一事者，举一人立传，而同事的各立以小传。其尤简净而概括的，则为"附传"的"体例"。至于立传之中，亦多能存大体，吾人如果不把他书来和它作个比较，那便不知他修史的苦心了！又如"甲申"而后，明室早已灭亡，顺治亦已称帝，而福王的名号，史上依旧继续载着。顺治"乙酉"以后，福王虽然死了，而史上依旧载着唐王、桂王等诸臣的名号。这真不失史家"大公至正'之意咧！

《清史稿》

简介

　　《清史稿》是记叙我国最后一个封建王朝历史的官修史书未定稿。1914 年北洋政府设史馆，任命进士出身的赵尔巽任馆长。该书历时十五年，于 1929 年问世。全书共有五百三十九卷。其中本纪二十五卷，记叙了上起努尔哈赤称帝（1616 年）下至宣统三年（1911 年）清朝灭亡二百九十六年的大事。志一百四十二卷，表五十三卷，列传三百一十六卷，是我国正史中卷数最多的一部。

　　由于修撰《清史稿》的全过程，正值北洋军阀混战时期，编写工作时断时续，经费也紧缺，并且是边写边刃，致使体例错杂不一，目录与正文不符。编者多是清末遗老，坚持反动立场，骂李自成是"盗贼"，洪秀全是"粤匪"，孙中山搞"倡乱"。当时的南京国民政府曾一度禁止其刊行。但在新的清史未成书前，此书仍是二十六史中的最后一部，它对研究清史还有参考价值。

体例

《清史稿》编写的体例大致取法《明史》，但又有所创新。如本纪部分不仅逐年记载了皇帝的军国大事，而且在前代逊君还健在、无谥可称时，创了"宣统纪"的新格局；各志、表中除记录天文、地理、礼乐、选举、艺文、食货及皇子、公主、外戚、封臣等各方面活动外，新修的交通志、邦交志及表中的军机大臣、理藩院，都是前史所未有的。列传中创立了畴人、藩部、属国三传，反映了清代社会的新发展。另外，对于反清斗争的重要人物如张煌言、郑成功、李定国、洪秀全等，《清史稿》也都列了传。这些都是值得称赞的。

但是，由于参加修史的人多是清朝的"遗臣"，因此书中贯穿着反对民主革命，颂扬清朝正统的思想。例如诬蔑明末农民起义军为"土贼"，称太平军为"粤匪"，视辛亥革命为"倡乱"。而对帝国主义的侵华罪行和清朝统治者的反动行径却多处隐瞒，倾向性错误显而易见。对此，连当时的南京国民政府人员都极为不满。1929年12月14日，故宫博物院院长易培基列举了十九条理由，呈请政府下令禁止《清史稿》发行，其中有：反革命、蔑视先烈、称扬诸遗老、鼓励复辟、反对汉族、为满清讳等内容。所以，思想观点与立场错误实是此书的主要问题。

同时，由于《清史稿》是众人编纂而成，编写时彼此缺少照应，更因时局动荡，仓促成书，未经主编总阅审定便"随修随刻，不复有整理之暇"，过于粗陋。因此，体例不一，繁简失当，史实之中也有不少错误。其实，这与赵尔巽的主导思想有关。因为他把此书看做是"急就之章"，"并非视为成书"，只是想以此作为"大辂椎轮之先导"，对于书中所有疏略纰缪处，'敬乞海内诸君子切实纠正，以匡不逮，用为后来修正之根据。"显然，按其本意。《清史稿》只是类似现代的一部征求意见稿。这样，易培基所指责的"体例不合，人名先后不一致，一人两传，目录与书不合，纪表传志互不相合，有日无月，人名错误，泥古不化，简陋，忽略"等谬误也就成了先天性的问题。至于遗漏、颠倒、文理不通等现象更属意料中事。

第三章　子　部

《荀子》

简介

　　《荀子》书，《汉志》称三十三篇；旧题，周赵人荀况撰。荀况，字卿。《汉志》，避宣帝讳询，亦称孙卿。宋王应麟考证，谓当作三十二篇。刘向《校书序录》，称孙卿书，凡三百二十三篇，以相校，除重复二百九十篇，定著三十三篇，为十二卷，题曰《新书》。唐杨惊，分易旧第，编为二十卷，复为之"注"，且更《新书》为《荀子》，即今行本是。——其书大旨，在劝学；而其学主于修礼。徒以恐人恃质而废学，故激而为"性恶"之说，受后儒之诟厉。要其宗法圣人，诵说王道；终以韩愈"大醇小疵"之评，最为定论！

　　以上是说《荀子》书的概状。至荀子的事略，则据《史记》及刘向叙，约述于下："荀子，赵人，名况。年五十，始来游学于齐……齐襄王时，荀卿最为老师。齐尚修列大夫之缺，而荀卿三为祭酒焉。齐人或谗荀卿，荀卿乃适楚，而春申君以为兰陵令。春申君死，而荀卿废，因家兰陵。李斯尝为弟子，已而相秦。荀卿嫉浊世之政，亡国乱君相属，不遂大道，而营于巫祝，信機祥；鄙儒小拘，如庄周等又滑稽乱俗，于是推'儒'、'墨'、'道德'之行事兴坏，序列著数万言而卒。因葬兰陵。"

　　荀子的一生事略，大概如上所述。至其生卒年月，说者议论纷歧，读者可参看晁公武《郡斋读书志》、王应麟《困学纪闻》、宋濂《诸子辨》、汪中《荀卿子通论》等文，参比求之；大抵可确定他在孟子之后。荀卿的门人，有韩非、李斯，都长于法术，与荀子为"儒家"者不类。便是《荀子》书的本身，虽号曰"儒家"，然其书晚出，于诸家的学术，都有论难，实兼具"杂家"之用。故本书的编制，次于诸家之后，而位于"杂家"之前。

荀卿的学说

　　研究荀子学说的人，须要注意荀子和同时的各家学说都有关系。《荀子》书中，如《天论篇》《解蔽篇》《非十二子篇》，有许多批评各家的话，都很有价值。此外，如《富国篇》和《乐论》，驳墨子的《节用》和《非乐》；又有《正论篇》驳宋子的学说；又有《性恶篇》，驳孟子的"性善"说；《正名篇》中，驳"杀盗非杀人也"诸说。这可见荀子学问很博，兼研究同时诸家的学说。因为他这样博学，所以他的学说，能在"儒家"中别开生面，独创一种很激烈的学派。今将他的"学说"分述于下：

天论

荀子批评庄子的"哲学"道："庄子蔽于天而不知人……由天谓之，道尽困矣。"这两句话，不但是对庄子"哲学"的正确批判，并且是荀子自己的"哲学"的紧要关键。庄子把天道看得太重，所以生出种种的"安命主义"和"守旧主义"。荀子极力反对这种学说，他道："惟圣人为不求知天。"又说："君子敬其在己者，而不慕其在天者；小人错其在己者，而慕其在天者。"这是"儒家"本来的"人事主义"，全无庄子一派的"神秘"气味。

荀子在儒家中最为特出，正因为他能用老子一般人的"无意志"的天，来改正"儒家""墨家"的"赏善罚恶、有意志"的天；同时却又能免去老子、庄子天道观念的"安命""守旧"种种恶果。并且荀子的"天论"，不但要人不与天争职，不但要人能与天地参，还要人征服天行以为人用。他在《天论篇》中说："大天而思之，孰与物畜而制之……愿于物之所以生，孰与有物之所以成？故错人而思天，则失万物之情。"这是荀子的"天论"。

性论

荀子论天，极力推开天道，注重人治。荀子论性，也极力压倒天性，注重人为。他的"天论"，是对庄子发的；他的"性论"，是对孟子发的。孟子说，人之性是善的，《荀子·性恶篇》说："人之性恶，其善者伪也。"这是他论"性恶"的大旨。至于什么叫做"性"？什么叫做"伪"？他又说："不可学，不可事，而在人者，谓之'性'。可学而能，可事而成之在人者，谓之'伪'。"从这看来，他以为性只是天生成的，伪只是人力做的。后人把"伪"

当作"真伪"的"伪",便冤枉了荀子！

荀子的"性恶论",有何根据？他说："今人之性,生而好利焉。顺是,故争夺生而辞让亡焉……然则从人之性,顺人之情,必出于争夺,合于犯分乱理,而归于暴。是故必将有师法之化,礼义之道,然后出于辞让,合于文理,而归于治。用此观之,然则人之性恶明矣。其善者伪也。"这是说人性本有种种情欲,若顺情做去,定做出恶事来。见得人性本恶,必有礼义法度去矫正它,方才可以为善。可见人的善行,全靠人为。

孟子把"性"来包含一切"善端",如"恻隐之心"之类是,故说性是"善"的。荀子把"性"包含一切"恶端",如"好利之心"之类是,故说性是"恶"的。这都由于根本观点不同之故。孟子又以为人性含有"良知良能",故说性"善"。荀子又不承认此说。他以为人虽有"可以知之质,可以能之具",但"可以知"未必就知,"可以能"未必就能。故曰："夫工匠农贾,未尝不'可以'相为事也,然而未尝'能'相为事也。用此观之,然则'可以为',未必能'为'也；虽'不能',无害'可以为'。然则'能不能'之与'可不可',其不同远矣。"这都是驳孟子"良知良能"之说的。

教育学说

孟子说性善,故他的教育学说,偏重于"自得"方面。荀子说性恶,故他的教育学说,趋向"积善"方面。他在《儒效篇》中说："性也者,吾所不能为也,然而可化也。积也者,非吾所有也,然而可为也。注错习俗,所以化性也；并一而不二,所以成积也。习俗移志,安久移质……涂之人百姓积善而全尽,谓之圣人……故圣人也者，人之所积也……居楚而楚，居越而越，居夏而夏，是非天陛也，积靡使然也。"所以荀子的教育学说，只是要人积善。《劝学篇》中说："学不可以已。"又说："锲而舍之，朽木不折；锲而不舍，金石可镂。"正是此意。

荀子的教育学说，又以为学问须要变化气质，增益身心。不能如此，不足为学。故其《劝学篇》中说："君子之学也，入乎耳，著乎心，布乎四体，形乎动静，端而言，蠕而动，一可以为法则。小人之学也，入乎耳，出乎口；口耳之间，则四寸耳，曷足以美七尺之躯哉？"又《儒效篇》说："不闻不若闻之，闻之不若见之，见之不若知之，知之不若行之。学至于行之而已矣。行之，明也。明之，为圣人。圣人也者，本仁义，当是非，齐言行，不失毫厘。无他道焉，已乎行之矣。"这又是荀子的"知行合一"说。

礼论

荀子的"礼论"，只是他的广义的教育学说。荀子以为人"性恶"，故不能不用"礼义"来"节制"人的情欲。又以礼为圣人所制作，与孟子言仁义礼智为固有的不同。其《礼论篇》，论礼的起原道："礼起于何也？曰：人生而有欲，欲而不得，则不能无求；求而无度量分界，则不能不争；争则乱，乱则穷。先王恶其乱也，故制礼义以分之，以养人之欲，给人之求，使欲必不穷乎物，物必不屈乎欲。两者相持而长，是礼之所由起也。"这是荀子以"欲"为万恶的根原，本即"利己心"的所发，故圣人制"礼义"来节制它。

荀子又以礼为立教的根本，所以他又说："礼有三本：天地者，生之本也；先祖者，类之本也；君师者，治之本也。无天地恶生，无先祖恶出，无君师恶治，三者偏亡焉，无安人。故礼，上事天，下事地，尊先祖而隆君师，是礼之三本也。"这是荀子论礼的大概情形。

乐论

荀子的"乐论"，也是他的广义的教育学说。荀子以为人"性恶"，故不能不用"音乐"来"涵养"人的情欲。又因墨翟有《非乐》之作，故倡《乐论》来反对他。其言曰："乐者，乐也，人情之所不能免也。故人不能无乐，乐则必发于声音，形于动静；而人之道，声音动静，性术之变，尽是矣。故人不能不乐，乐则不能无形；形而不为道，则不能无乱。先王恶其乱也，故制雅颂之声以道之，使其声足以乐而不流，使其文足以辨而不諰，使其曲直繁省廉肉节奏，足以感动人之善心，使夫邪污之气，无由得接焉，是先王立乐之方也。"

又说："故乐在宗庙之中，君臣上下同听之，则莫不和敬；闺门之内，父子兄弟同听之，则莫不和亲；乡里族长之中，长少同听之，则莫不和顺。故乐者，审一以定和者也，比物以饰节者也，合奏以成文者也；足以率一道，足以治万变，是先王立乐之术也。"又说："乐者，乐也。君子乐得其道，小人乐得其欲；以道制欲，则乐而不乱；以欲忘道，则惑而不乐。故乐者，所以导乐也，金石丝竹，所以道德也，乐行而民乡方矣。故乐者，治人之盛也。"这是荀子论乐的大概情形。

《晏子春秋》

简介

《晏子春秋》是记叙春秋时代著名政治家、思想家晏婴言行的一部书。本书共八卷，包括内篇六卷（谏上下、问上下、杂上下）不完全真实，外篇二卷，计215章，全部由短篇故事组成。全书通过一个个生动活泼的故事，塑造了主人公晏婴和众多陪衬者的形象。这些故事虽不能完全作信史看待，但多数是有一定根据的，可与《左传》《国语》《吕氏春秋》《论语》等书相互印证，作为反映春秋后期齐国社会历史风貌的史料。

这部书多侧面地记叙了晏婴的言行和政治活动，突出反映了他的政治主张和思想品格。

内容

在《晏子春秋》中，晏子的节俭观念也得到了充分的表现。晏子认为，节俭是一个贤人的基本品质，所以，他对那些富贵骄奢，铺张浪费的人或行为从心底里抱有一种反感。他曾对齐景公的穷奢极欲进行了多次的批评。他自己则从节俭要求和约束自己。齐景公多次要给他调整住宅，还趁他出使在外替他建了一座新宅，他都坚决辞谢了。当齐景公赏赐他车马时，他说："君使臣临百官之吏，臣节其衣服饮食之养，以先齐国之民，然犹恐其侈靡而不顾其行也；今辂车乘马，君乘之上，而臣亦乘之下，民之无义，侈其衣服饮食而不顾其行者，臣无以禁之。"（《杂下》）这就是说，他要以节俭作表率，以防百姓过分追求物质享受而造成社会秩序的混乱和道德败坏。

《晏子春秋》还十分突出地表现了晏子对礼的重视。他说："礼者，所以御民也……无礼而能治国家者，婴未之闻也！"把礼看作是治国的根本，统治百姓的工具，可见礼在晏子心目中的地位。在这一点上，晏子与后来的孔子是很有相似之处的。正因为如此，晏子对无礼或不合礼的行为进行了不遗余力的批评。（《内谏》）载："景公饮酒酣，曰：'今日愿与诸大夫为乐饮，请无为礼。'晏子蹴然改容曰：'君之言过矣！群臣固欲君之无礼也。力多足以胜其长，勇多足以弑其君，而礼不便也。禽兽以力为政，强者犯弱，故日易主。今群去礼，则是禽兽也。群臣以力为政，强者犯弱，而日易主，君将安立矣？凡人之所以贵于禽兽者，以有礼也。故《诗》曰：'人而无礼，胡不遄死？'礼不可无也。'"晏子认为，礼是区别人与禽兽的标准。没有礼，人就成了禽兽。作为一国之君，如果带头不讲礼，国家根本就会动摇。《外篇》中载有晏子的另外一番话，内容与上面一段话类似："今齐国五尺之童子，力皆过婴，又能胜君，然而不敢乱者，畏礼也。上若无礼，无以使其下；下若无礼，无以事其上。夫麋鹿维无礼，故父子同麀。人之所以贵于禽兽者，以有礼也。婴闻之，人君无礼，无以临其邦；大夫无礼，官吏不恭，父子无礼，其家必凶；史弟无礼，不能久同。'"

《晏子春秋》不仅鲜明地表现了晏子光辉思想，而且也记载了许多表现晏子优良品质和高尚的道德情操的故事。节俭是《晏子春秋》中的重点，突出地反映了晏子的品质，这一点，上文已有所交代。此不赘言。另外如退思补过、待人宽以约、责人重以周、谦虚谨慎等美德，书中都作了大力宣扬。《内篇杂下》记载了这样一个感人的故事："景公有爱女，请嫁于晏子，公乃往燕晏子之家。饮酒酣，公见其妻曰：'此子之内子耶？'晏子对曰：'然，是也。'公曰："嘻，亦老且恶矣！寡人有女少且姣，请以满夫子之宫。'晏子违席而对曰：'乃此则老且恶，婴与之居故矣，故及其少且姣也。且人固以壮托乎老，姣托乎恶；彼尝托，而婴受之矣。君虽有赐，可以使婴倍其托乎？'再拜而辞。"齐景公看到晏子的妻子老而丑，想把年轻漂亮的女儿嫁给晏子，晏子严辞拒绝了。晏子的这种糟糠之妻不下堂，坚守爱情，不背叛老妻的行为与品德，不仅在男尊女卑的封建时代殊为难得，就是在今天，也是一种十分可贵的品格。

从《晏子春秋》的内容来看，编者或作者似乎有意突出晏子光辉的一面，极力塑造晏子的正面形象，由此也可以推断，此书的编者或作者肯定是一个景仰晏子的人。

《老子》

简介

《老子》书二卷：《道经》《德经》各一，凡八十一章，五千七百四十八言。旧题"周柱下史老聃"撰。按老聃者，周朝时，楚国苦县厉乡曲仁里人，姓李，名耳，字伯阳，一字聃。他并不姓

"老"，然则又何以称他为老子呢？据近人胡适之说："老子之称，大概不出两种解说：（1）'老'或是字。春秋时人，往往把'字'用在名的前面，例如叔梁（字）纥（名），孔父（字）嘉（名），孟明（字）视（名），皆是。古人名字同举，先说'字'而后说'名'，故战国时的书，皆称老聃。（2）'老'或是姓。古代有氏姓的区别，寻常的小百姓，各依所从来为姓，故称'百姓''万姓'。贵族于姓之外还有氏，如以国为氏，以官为氏之类。老子虽不曾做大官，或者源出于大族，故姓老而氏李。"以上是说明李聃所以称为老聃的一段考证。

至于他一生的事业，曾做过周室"守藏室之史"。又据《史记·老子列传》说："老子修道德，其学以'自隐无名'为务。居周久之，见周之衰，乃遂去。至关，关令尹喜曰：'子将隐矣，强为我著书！'于是老子乃著书上下篇，言"道""德"之意五千余言而去，莫知其所终。"《史记》的这段记载，既失之"简略"，又太觉"惝恍迷离"。至于秦汉以来，关于他的论述，又搀杂了许多"神仙家"的话，更觉得"荒渺难稽"。后人关于老子的事实，其所能知道，只不过根据这几种史料；所以虽经过许多人的考证，终究到现在还没有确实的答案。这是研究《老子》书者，最困难的一个问题！

老子一生的事实，其详既不可考；但是他所生存的年代，我们约略可以断定他在孔子以前，今试引各种古书来证明他。例如，《吕氏春秋》总论各家，有载："老聃贵'柔'，孔子贵'仁'"，他把老子列在孔子的前面；又载："孔子学于老子"，等是。《庄子》书中，也屡载孔子和老子的问答。《小戴礼记》更载明孔丘问礼于老聃的言语。所以孔子后于老子，且又受教于老子，这是无论如何，大家所公认的。因此我们对于老聃的年代，最高限度，只能知道他前于孔子，而且是指导孔子的。

老子的学说

《老子》的全部学说，可以用两句话来包括它：一曰治国主于无为，二曰求胜敌当以卑弱自处罢了。

请分别解说于下：

治国主于无为

我国古代的"哲学思想"，大抵视社会间一切的现象，都有"自然"之律，运行乎其间，毫厘不得差忒，正和研究"自然科学"者的视"自然现象"相同。他们视自然之力，以为是至大而不可抗，故只有随顺，断无可以违逆它，使尽如吾意之理。如欲违逆它使如吾意，那便谓之"有为"；至若顺随"天然"之律，而不参加以私意，这便所谓"无为"。凡治事的，最贵发现其"自然"之律而遵守它；苟不然者，姑无论其事之不能成，即使幸而有成，其反动的力量，亦必格外来得大；这是老子所以主张"治国以无为"为尚咧！

求胜敌当以卑弱自处

老子于"求胜敌之术"，所以"主卑弱"者，则因其以自然力之运行为"循环"之故，所谓"道之动曰反"是。自然力的运行，既为"循环"，那么盛之后必继以衰，强之后必流于弱，乃无可逃避的公理，故莫如先以"卑弱"自处；这都是老子应事的学术，而亦为其立说的根据，吾人应当知道的！

至其空谈"原理"的言语，宗旨亦相一贯。总之，老子的所谓"治国当主无为"，以及"胜敌必居卑弱"者，不外乎遵守"自然之律"罢了。

此外，老子对于"哲学"上的"宇宙论"，则打破古来"天人同类"的理论，而奠"自然哲学"的基础。他说道："天地不仁，以万物为刍狗！"其意便是说"天地不与人同性"的。因此他于天地万物之外，别立一个"道"字，以为"道"乃先乎天地，独生独立，不受治于任何物，只有"法自然"而已。其论"道的作用"，则说："大道泛兮，其可左右。万物恃之而生而不辞，功成而不名有，衣养万物而不为主。"其言"道的形状"，则说："道冲而用之或不盈，渊兮似万物之宗；挫其锐，解其纷，和其光，同其尘，湛兮似若存，吾不知谁之子？象帝之先。"总之，老子说"道的本体"，是以为："无始无终，无形无状；无声无臭，独立万古"的。故其言曰："道生一，一生二，二生三，三生万物；万物负阴而抱阳，冲气以为和。"由此可知老子的"宇宙论"，乃主张"一元论"的！

老子对于"政治"上的见解，是取"极端放任无为"的。这是因为他身当周末衰乱之世，日本战争杀伐，莫可挽救，所以他欲令天下的政治，归于太古的景象，这完全是偏于情感的理想，而非实际的理想。其言曰："与其动而滋纷，不若静而无为也。"又曰：

"我无为而民自化，我好静而民自正，我无事而民自富，我无欲而民自朴。"其意盖欲归真返朴，返乎伏羲、神农时代之政体的。其论国家政治，主张极端放任，如曰："治国若烹小鲜"；又说："治令滋彰，盗贼多有"是。其对于当时政治的批评，一则曰：

"民不畏死，奈何以死惧之？若使民常畏死，而为奇者，我得执而杀之，孰敢？"再则曰："天之道损有余而补不足；人之道则不然，损不足以奉有余。"故其理想中的国家，是欲："使人复结绳而用之，甘其食，美其服，安其居，乐其俗；邻国相望，鸡犬之声相闻，民至老死，不相往来"；这是老子理想中的至治之国。

老子对于"战争"的感想，他以为兵乃不得已而用之，故其要仍归于"止兵"。他曾说："天下有道，却走马以粪；天下无道，戎马生于郊。"又说："以道佐人主者，不以兵强天下，其事好还。师之所处，荆棘生焉。大军之后，必有凶年。善者果而已，不敢以取强。果而勿矜，果而勿伐，果而勿骄，果而不得已，果而勿强。物壮则老，是谓'不道'，不道早已。"又说："善为士者不武，善战者不怒，善胜敌者不与，善用人者为之下；是谓不争之德，是谓用人之力，是谓配天古之极。"又说："夫佳兵者，不祥之器，物或恶之．故有道老不处。"这是老子对于战争的大旨，思以"不争之德"以救当时之乱世的。

老子对于"修养"的方法，只在一个"无"字。他说道："吾所以有大患者，为吾有身；及吾无身，吾有何患？"又说："民之轻死，以求其生之厚，是以轻死。夫唯无以身为者，是贤于贵生。"他的意思，盖厌恶纷浊，想反于淳朴的。老子又主"任自然"以修养，故尝以"婴儿"喻至诚无欲之状。总之老子的修养，是主张："去动就静，去语就默，去显就隐，去群就独"，不追逐于社会，而以到达玄道为究极的。盖以"本身"与"宇宙的本体"合一，无我无心，清虚无为，故其"修养"的方法，大多在"精神"之中！后世"神仙家"祖述人生的"三宝"，其言曰："我有三宝，宝而持之。一曰'慈'，二曰'俭'，三曰'不敢为天下先'。慈，故能勇，俭，故能广；不为天下先，故能成器长。"

又老子喜"淳朴"，故曰："见素抱朴，少私寡欲。"更喜柔恶刚，以"虚心弱志"为贵，故曰："人之生也柔弱，其死也坚强；万物草木之生也柔脆，其死也枯搞；故坚强者，死之徒；柔弱者，生之徒。"又曰："强梁者，不得其死."又曰："弱者，道之用。"其重"知足"之说其说，致有"烧丹""导引"等种种方术，那便失去老子修养的本意了。

老子对于"道德"的观念，是重"虚无"而尚"退默"的。其所说者，大抵为"一人的道德"。至若"君臣""父子""夫妇"等"五伦"之教，那是老子所不大说的。其言曰："大道废，有仁义；慧智出，有诈伪；六亲不和，有孝慈。国家昏乱，有忠臣"；这几句话，竟和孔子所说的，大相径庭！盖老子以"虚静无为"为宇宙的大道；方物于是乎生，人性于是乎成；人能虚静无为，则为善，反之则为恶。善者是道，恶者不是道。观其以"水"喻"上善"道："上善若水，水善利物而不争，处众之所恶，故几于道。"他又以"慈""俭""后"三事，为曰："祸莫大于不知足，咎莫大于欲得。故知足之足，常足矣！"又曰："知足不辱，知止不殆，可以长久！"又曰："知足者富。"凡此，都是以"知足"为贵的。老子又"恶盈好谦"，故曰："江海所以能为百谷王者，以其善下之故，故能为百谷王。是以欲上民，必以言下之；欲先民，必以身后之。"又曰："和其尘，同其光。"老子又"戒多言"，其言曰："多言数穷，不如守中。"又说："轻诺必寡信，多易必多难。"其论恩德报复，则曰："报怨以德。"盖人爱恶之情既忘，虽报怨以德，也没有不可以的。以上两节，是说老子"道德论"的大概情形。

《庄子》

简介

《庄子》亦称《南华经》，道家经典之一。书分内、外、杂篇，原有五十二篇，乃由战国中晚期逐步流传、揉杂、附益，至西汉大致成形，然而当时所流传的，今已失传。目前所传三十三篇，已经郭象整理，篇目章节与汉代亦有不同。一般认为，内篇是庄子所做。内篇大体可代表战国时期庄子思想核心，而外、杂篇发展则纵横百余年，参杂黄老、庄子后学形成复杂的体系。司马迁认为庄子思想"其要归本于老子"。然而就庄子书中寓言、义理及《天下篇》对老子思想所评述，老子与庄子思想架构有别，关怀亦不相同，所谓"道家"思想体系与《庄子》书，实经过长期交融激荡，经汉代学者整理相关材料，方才编定。

学说

庄子的一生平平淡淡无拘无束，不为名利不求金钱，他的精神似乎已超出了常人。庄子那种逍遥豁达，满不在乎的思想造就了他成为一名圣人，他的许多作品中都体现出了这点，例如在《列御寇》中，他对炫耀富贵的曹商所作的辛辣讽刺就是证明，这也说明了庄子生活即使是这样贫穷，日子是这样难熬，但并没有消蚀他的清高和孤傲，一方面表现了他对权势名利的轻蔑，另一方面也表现了他对独立人格和精神自由的追求，因此他对苦难世界的冷峻审视和对人生悲剧的深刻体验，给人类留下了一笔难得的精神财富，在整个中国文化史上烙下了他深深的印章。

庄子思想以其众多而深邃的思想观念在中国传统思想的形成和发展中发挥了重要作用，庄子思想展示了人类精神现象中的一个经常发生的具有危机性质的方面，庄子在这一方面提供的个人体验，成为庄子以后，乃至今天人们精神生活中的仍被咀嚼着的体验和教训。这也许是庄子思想中最深奥而又感人的方面，通过庄子思想研究，揭示这些，理性地说明了这些，对于人的自我认识也是很有意义的。

庄子的思想可谓是"超凡脱俗"，他认为：人之生，来于自然界，人之死，返回自然界，对于生死应持纵浪大化，不喜不忧的态度。这正是一种十分彻底的自然主义观点。人生哲学是庄子思想的核心部分，主要是对人生的理想境界和实践方法的思考，他追踪人生苦难的终极原因，发现灾难归根结底都来源于人类自身那无穷无尽的欲望。因此，他希望在精神领域使人类从苦难的深渊中走脱出来。庄子的人生哲学是苦难时代结出的苦果，例如，庄子的"无用之用"则是典型的例子，主要是为了自我的设定，它强调的是主体自处之道，强调的是不因世俗价值或规范戕害自身生命的完满。庄子的这种思想在当今的社会上是非常可取的，或许说是十分缺乏的，它是一种处人之道。是对生命自身的关注，对他人的关怀，它告诉我们不要把他人的性命当作满足自身欲求的工具或手段，它让我们深刻地体会到了做人的道理，处事是原则，而在庄子的人生哲学中最多强调的则是"道"与"德"的问题，所谓"道"乃是产

生规定自然的本体存在，所谓"德"则是主体对道的承受，则道又
归根结底"于自然无所违"，因此庄子的的道德意识在很大程度上
淡化了生命的社会价值，具有鲜明的自然主义色彩。可以说庄子对
人生怀有一种哲人的豁达，庄子的"无名""无功""无己"更是
说明了这点。所谓的"无名"则是破自我而非我的对立，洗刷内心
中功名利禄的观念，我觉得这点对于那些在政治场上、商场上的争
权夺利的人是相当有益的。让他们不至于被名利冲昏了头脑；所谓
"无功"亦是破非我而非我的对立，即顺应自然，顺应规律，游心
即从观念上打破绝对分解，强调转化，懂得了日夜，寒暑水火皆可
为我所用的道理，人就活得更自由了。庄子的《逍遥游》则形象地
说明了这点，所谓"无己"即破自我与自我的对立，说明了养生之
道及养生的目的在一尽天平，而非长生不死，而庄子在这点充分体
现了他对生死的看法：生，时也；死，顺也。并非说生死无差别，
而是视死如归，客观地看待生死问题，而庄子在养生之道是有着独
道的见解，其内容氛围形养和神养两大类，其中神养则是最重要的
内同，所谓神养就是保养精神，保持心境的平静，使心境不受外界
事物的干扰，这种养生之道无疑对我们的学习与工作有极大的
好处。

　　庄子的自然哲学也是其思想的重要组成部分，而其中没有了老
子学说的模糊性和神秘主义色彩，庄子的"道"只是宇宙生成的机
制、规律、法则，而"气"是宇宙生成的物质载体，这两个概念都
是老子借来的火种，庄子都运用得十分自然，其中庄子关于时空无
限的思想，分别对应着道、气、物有三种不同的含义，与道相联系
的无限时空，是有限时空的抽象；与气相联系的无限时空是超越直
观对象的独立的无限空间；与物相联系的无限时空是动态的有限时

空长河的总和。庄子的思想在当时我认为是非常先进的，他冲破了有限时空的衬界，进入无限时空的境界，庄子的"道"即事物变化，生生不息的运动规律，物物有际而道与物无际，它只是事物间的关系或变化的原则。庄子的《齐物论》清晰地解释了它的思想，证实了他的观点，庄子反对把道实体化，这是庄子自然哲学最突出的贡献。庄子这时的思想已是非常先进，可谓是唯物辨证法的先驱，马克思主义哲学的部分思想也与庄子的思想相符合，因此，庄子可以说是当之无愧的哲人，他的思想对后人也有着极大的影响。

庄子思想学说对历代名人的影响也是非常深刻的，他赞颂自然，崇尚主德之世的理想社会，成为后世许多具有浪漫主义倾向的文学家描绘理想之国的楷模。因此很有必要做一番践论。

窥视一下当今社会，又有多少人不是为了追求名利而忙碌穿梭于世间，又有多少人不是为了金钱而无形地在为自己挖着坟墓，名利与金钱似乎已把太多人推向了深渊，吞噬着人们的原本拥有的那颗明净的心灵，腐败也因此而存在。难道人们真要躺进用名利与金钱铸成的棺材吗？悲也！悲也！真的太多的人都应该学习一下，了解一下庄子的思想学说，鸢飞戾天者，望"庄"息心；经纶世务者，窥"庄"深思，庄学中的隽语层出不穷。我们真须细细品味一番。因此践论一下庄子的学说思想是相当有必要的。

与看重人的社会属性，带有强烈的政治伦理色彩的儒家学说相比，庄子思想则是一种着重人的自然本性，关怀人的生命和精神学说，庄子自然人本精神首先体现了对生命的挚爱和珍惜上，带有一种强烈的个性色彩，在此儒家思想为主导的封建社会，庄子的自然人本精神对中国文人独立人格的养成，起着不可忽视的作用。例如：庄子的思想培养了陶渊明达观放任的精神品格；苏轼对庄子的思想也有着深刻的领会。因此，他善于把庄子的某些思维形式引入艺术领域。改造成为颇具特色的艺术思想；辛弃疾词创造了雄奇阔大的意境，也大有庄子"汪洋辟阖，仪态万方"的气势，阮籍放浪的性格和反抗封建礼法的精神品质直接形成的原因就是庄子对黑暗现象的愤怒情绪和叛逆精神；庄子的浪漫主义文风也传给了李白，使他成为我国文学史上继屈原之后的又一伟大的浪漫主义诗人。

《列子》

简介

《列子》是列子、列子弟子以及列子后学著作的汇编。全书八篇，一百四十章，由哲理散文、寓言故事、神话故事、历史故事组成。基本上以寓言形式来表达精微的哲理。共有神话、寓言故事一百零二个。如《黄帝篇》有十九个，《周穆王篇》有十一个，《说符篇》有三十个。这些神话、寓言故事和哲理散文，篇篇闪烁着智慧的光芒。

《列子》的每篇文字，不论长短，都自成系统，各有主题，反映睿智和哲理，浅显易懂，饶有趣味，只要我们逐篇阅读，细细体会，就能获得教益。

思想

庄子在其书第一篇《逍遥游》中，就提到过列子可以"御风而行，泠然善也"，似乎练就了一身卓绝的轻功。因为庄子书中常常虚构一些子虚乌有的人物，如"无名人""天根"，故有人怀疑列子也是"假人"。不过《战国策》《尸子》《吕氏春秋》等诸多文献中也都提及列子，所以列子应该实有其人。列子的学说，刘向认为："其学本于黄帝老子，号曰道家。道家者，秉要执本，清虚无为，及其治身接物，务崇不竞，合于六经。"《尔雅·释诂》邢昺《疏》引《尸子·广泽篇》及《吕氏春秋不二》说："子列子贵虚"。《战国策. 韩策》有："史疾为使楚，楚王问曰：'客何与所循？'曰：'治列子圉寇之言。'曰：'何贵？'曰：'贵正'。"张湛《列子. 序》认为："其书大略明群有以至虚为宗，万品以终灭为验，神惠以凝寂常全，想念以著物为表，生觉与化梦等情。巨细不限一域，穷达无假智力，治身贵于肆仕，顺性则所至皆适，水火可蹈。忘怀则无幽不照，此其旨也。"

列子认为"至人之月心若镜，不将不迎，应而不藏，故能胜物而不伤"。他因为穷而常常面有饥色，却拒绝郑国暴虐的执政者子阳馈赠的粮食。其弟子严讳问之曰："所有闻道者为富乎？"列子曰："桀纣唯轻道而重利是以亡！"列子还主张应摆脱人世间贵贱、名利的羁绊，顺应大道，淡泊名利，清静修道。

《列子》里面的先秦寓言故事和神话传说中不乏有教益的作品。如《列子学射》（《列子·说符》）、《纪昌学射》（《列子·汤问》）和《薛谭学讴》（《列子·汤问》）三个故事分别告诉我们：在学习上，不但要知其然，还要知其所以然；真正的本领是从勤学苦练中得来的；知识技能是没有尽头的，不能只学到一点就满足了。又如《承蜩犹掇》（《列子·黄帝》）告诉我们，曲背老人捕蝉的如神技艺源于他的勤学苦练；还有情节更离奇的《妻不识夫》（《列子·汤问》）说明一个人是可以移心易性的。

《管子》

简介

中国春秋时期（公元前 770～前 476）齐国政治家、思想家管仲及管仲学派的言行事迹。《管子》是战国时各学派的言论汇编，内容很庞杂，包括法家、儒家、道家、阴阳家、名家、兵家和农家的观点。大约成书于战国（前 475～前 221）时代至秦汉时期。刘向编定《管子》时共八十六篇，今本实存七十六篇，其馀十篇仅存目录。

《管子》七十六篇，分为八类：《经言》九篇，《外言》八篇，《内言》七篇，《短语》十七篇，《区言》五篇，《杂篇》十篇，《管子解》四篇，《管子轻重》十六篇。书中《韩非子》、贾谊《新书》和《史记》所引《牧民》《山高》《乘马》诸篇，学术界认为是管仲遗说。《立政》《幼宫》《枢言》《大匡》《中匡》《小匡》《水地》等篇，学术界认为是记述管仲言行的著述。《心术》上下、《白心》《内业》等篇另成体系，当是管仲学派、齐法家对管仲思想的发挥和发展，学术界也有人认为是宋钘、尹文的遗著。

学说

管仲学派认为，精气是构成万物的最小颗粒，又是构成无限宇宙的实体，说明了世界的物质性。

《管子》在唯物主义的方向上朴素地解决了物质和精神的关系，他认为有意识的人，是由精气生成的。他说'凡人之生也，天出其精，地出其形，合此以为人，和乃生，不和不生"，"气道乃生，生乃思，思乃知，知乃止矣"。这是把物质摆在第一位。

《管子》没有否定鬼神，但它认为鬼神也是由精气生成的。说精气"流于天地之间，谓之鬼神"。把鬼神视为普通一物，否认它是超自然的存在，反映出唯物主义的泛神论思想。

《管子》认为，认识的对象存在于认识的主体之外。它说："人皆欲知，而莫索其所以知，其所知，彼也；其所以知，此也"。又认为，在认识过程中，主体要舍弃主观臆断，以外物为认识根据，要反映外物的真实情况。它称这种认识方法为"静因之道"，说："是故有道之君，其处也若无知，其应物也若偶之，静因之道也"。这在认识论上属于唯物主义。

《管子》的精气论在中国唯物主义宇宙观发展史上有重要意义，对中国唯物主义的发展产生过深远影响。后来的唯物主义哲学家如王充、柳宗元等，都受过它的影响。

《管子》在诸子百家中占有十分重要的地位，是研究古代政治、经济、法律等各方面思想的珍贵。

《商子》

简介

《商子》也称《商君书》，现存二十四篇，战国时商鞅及其后学的著作汇编，是法家学派的代表作之一。

《商子》的文体多样。议论体有《农战》《开塞》《划策》等十数篇，或先综合后分析，或先分析后综合，兼用归纳演绎，首尾呼应。有时也运用比喻、排比、对比、借代等修辞手法。《徕民》篇运用了"齐人有东郭敞者"的寓言，以增强说理的效果和形象性。说明体有《垦令》《靳令》《境内》等篇，是对秦政令的诠释。辩难体有《更法》，通过人物对话相互驳辩来阐述中心论点，司马迁录入《史记·商君列传》（文字有改动），用以表明商鞅的主张。

关于《商君书》的作者，学术界频有争论。第一种意见认为《商君书》基本是伪书，持这种看法的有郭沫若、黄云眉、顾实、刘汝霖等。第二种意见是基本肯定《商君书》的作者是商鞅，持这种看法的人除史志的编著者外，还有吕思勉、谭献等人。第三种意见认为《商君书》是商鞅遗著与其他法家遗著的合编，此书非作于一人，也非写于一时，持这种看法的有高亨等人。有人也提出的看法是，前两种意见有些牵强，第三种意见有一定道理。《韩非子·五蠹》篇说：今境内之民皆言治，藏商、管之法者家有之。这说明商鞅确著有此书。

思想

首先是革新变法思想，这是法家思想的精髓。《更法》篇详细记述了商鞅与甘龙、杜挚在秦孝公面前争论变法的问题。

针对秦孝公怕变更法度、改革礼制受天下人非议的想法，商鞅说："行动迟疑就不会有名，做事犹豫就不会成功。我劝君王还是赶快下决心变更法度吧，不要怕别人的批评议论。法度是爱护人民的，礼制是利于国事的。所以圣人治国，只要能使国家强盛，就不必沿用旧的法度；只要有利于人民，就不必遵守旧的礼制。"针对甘龙"因袭人民的旧礼俗去施行教化，不费什么事就能成功。依据旧法度治理国家，官吏既很熟悉，人民也能相安"的说法，商鞅说："这都是俗人的言论。"

"三代不同礼而王，五霸不同法而霸"，'治世不一道，便国不必法古"成为商鞅倡导变法的名言。《开塞》篇从考察人类社会发展的不同阶段入手，论证了战国末年只能实行法治，才是唯一可行的治国道路。"圣人不法古，不修今。法古则后于时，修今则塞于势"。从而说明只有变法革新，才能使国家富强兴盛。

其次是重农重战思想，这是法家思想的重要内容。《商君书》中有关重农重战的论述最多。如《农战》说："国之所以兴者，农战也。""善为国者，仓廪虽满，不偷于农。""国待农战而安，主待农战而尊。"《靳令》说："农有余粮，使民以粟出官爵，官爵必以其力，则农不怠。"朝廷让人民拿剩余的粮食捐取官爵，农民就会卖力耕作。《算地》说："故圣人之为国也，入令民以属农，出令民以计战……胜敌而革不荒，富强之功，可坐而致也。"国家富强的功效就在农战两项。

《去强》说："兴兵而伐，则武爵武任，必胜。按兵而农，粟爵粟任，则国富。兵起而胜敌，按兵而国富者王。"《垦令》篇还提出了二十种督促人民耕垦土地的办法。如国家按统一标准征收地税，农民负担的地税就公平了，国君讲求信用，百官不敢作弊，农民就会积极耕种土地。可见。重农重战。是法家治国的根本大计。

其三是重刑少赏的思想。加重刑罚，轻微奖赏（有时也说厚赏）、是法家的重要思想。《错法》篇说："明君之使其臣也，用必出于其劳，赏必加于其功。功常明，则民竞于功。为国而能使其尽力以竟以功，则兵必强矣。"《去强》篇说："重罚轻赏，则上爱民，民死上；重赏轻罚，则上不爱民，民不死上。兴国行罚，民利且畏；行赏，民利且爱。"加重刑罚，减轻赏赐，就是君上爱护人民，人民就肯为君上死。加重赏赐，减轻刑罚，就是君上不爱护人民，人民就不肯为君上而死。《去强》又说："以刑去刑，国治；以刑改刑，国乱。故曰：行刑重轻，刑去事成，国强；重重而轻轻，刑至事生，国削。"也就是说，用刑罚来免除刑罚，国家就治；用刑罚来招致刑罚，国家就乱。《开塞》说："治国刑多多而赏少，故王者刑九而赏一，削国赏九而刑一。"可见法家是重刑而轻赏的。

对如何执行刑罚时，法家主张要统一刑罚。《赏刑》说："所以壹刑者，刑无等级，自卿相将军以至大夫庶人，有不从王令，犯国禁，乱上制者，罪死不赦。有功于前，有败于后，不为损刑。有善于前，有过于后，不为亏法。"这就是说，执行刑赏对谁都一样。

其四是重本抑末，反对儒术。这也是法家思想的重要组成部分。《壹言》篇说："能事本而禁末者，富。"所谓"末"就是指的商业和手工业。《农战》篇说："农战之民千人，而有《诗》《书》

辩慧者一人焉，千人者皆怠于农战矣。农战之民百人，而有技艺者一人焉，百人者皆怠于农战矣。""豪杰务学《诗》《书》，随从外权，要靡事商贾，为技艺，皆以避农战。民以此为政，则粟焉得无少，而兵焉得无弱也。"可见，法家对儒家的儒术是排斥的。

法家是先秦诸子百家中的重要一家，法家著作是民族传统文化遗产的重要部分，批判地吸收民族文化遗产的精华，对于建设社会主义的文化事业具有重要的意义。

《韩非子》

简介

《韩非子》《汉志》称五十五篇。而《隋书》《新》《旧唐书》《宋史志》，皆称二十卷，与今所传本相符。旧题，周韩非撰。按非，韩之诸公子，喜"刑名法术"之学，而归其本于黄老，和李斯同师荀卿的。非曾以书于韩王，王不用，乃观古来得失之变，作《孤愤》《五蠹》《内外储》《说林》《说难》等五十五篇，计十余万言。秦王见而悦之，急攻韩，得非。斯自以不如非，忌之，便进谗言于秦王，下吏，使自杀。韩非一生的事实，大概如是。

《韩非子》书，现在多还存在。据《史记》所说，皆其自撰。但其中很多不可靠的。如《初见秦篇》，见于《战国策》中，乃是张仪说秦王的话，所以劝秦王攻韩的；韩非是韩国的王族，岂有如此不爱国的道理？况且第二篇是《存韩》，既劝秦王攻韩，又劝他存韩，是决无之事。第六篇《有度》，说荆、齐、燕、魏四国之亡。韩非死时，六国都不曾亡。齐亡最后，韩非死已多年了。可见《韩非子》中，定多后人加人的东西。大概古时言"政治"者多家，至"法家"而详；"法家"的学理，又至韩非而大备。今考非的"学统"所出，有黄、老、申、商、荀卿诸人，韩非实是集"刑名法术"之大成的。故其著书，多非难"儒者"之义，而取"道家""清静无为"之说。

韩非的"法理学"

今分述《韩非子》的"法理学"于下：

政治论

韩非的"政治论"，以为政治之道，古今宜异。

盖社会的变迁不同，则制度便不得不异。所以他的主张：舍道德而论法律，非仁义而尚威势，重进化而反对法古。《五蠹篇》中说："上古之世，人民少而禽兽众，人民不胜禽兽虫蛇，有圣人作，构木为巢，以避群害，而民悦之，使王天下，号曰有巢氏……是以圣人不期修古，不法常可，论世之事，因为之备。"又《心度篇》说："故治民无常，惟治为法。法与时转则治，治与世宜则有功……时移而治不易者乱。"这是韩非子关于"政治论"的大概。

功用主义

韩非的"功用主义"和墨子的"应用主义"，大旨相同。不过韩非比墨子的论调，却更为激烈些。其《五蠹篇》说："故不相容之事，不两立也。斩敌者受上赏，而高慈惠之行；拔城者受爵禄，而信兼爱之说；坚甲利兵以备难，而美荐绅之饰；富国以农，距敌恃卒，而贵文学之士；废敬上畏法之民，而养游侠私剑之属，举行如此：治强不可得也……夫治世之事，急者不得，则缓者非所务也。今所治之政，民间之事，夫妇所明知者不用，而慕上知之论，则其于治反矣。故微妙之言，非民务也……故明主用其力，不听其言；赏其功，必禁无用。"韩非有此极端的"功用主义"，盖欲救韩国于垂亡而已。

法治主义

韩非的"法治主义"，以为无论什么骨肉之亲，贵贱之别，都是不可以"枉法"的。《有度篇》说："法不阿贵，绳不挠曲。法之所加，智者弗能辞，勇者弗敢急。"又以为国家的强弱，全在乎法。所以说："国无常强，无常弱，奉法者强则国强，奉法者弱则国弱。"更以为人君于用人行赏之事，也宜一断之于法，而不可存私见。如《有度篇》说："明主使法择人，不自举也；使法最功，不自度也。"又说："国有常法，虽危不亡。夫舍常法而从私意，则臣下饰于智能，则法禁不立矣。"这是韩非的主张"法治"之说。

无为论

中国的"政治学说"，自古到今，几没有一家能逃得出老子的"无为主义"的。而韩非论人君南面之术，也以"无为"为主。其《主道篇》说："人主之道，静退以为宝，不自操事而知拙与巧，不自计虑而知礼与咎；是以不言而善应，不约而善增。"又《扬榷篇》说："圣人执一以静，使名自命，令事自定，不见其采，下故素正。因而任之，使自事之；因而予之，彼将自举之。"又说："虚静无为，道之情也；参伍比物，事之形也；参之以比物，伍之以合虚，根干不革，则动泄不失矣。"这是韩非的"无为"之论。

《尹文子》

简介

《尹文子》，《汉志》称一篇，《隋志》称二卷。旧题，周尹文撰。按《四库提要》说："前有魏黄初末山阳仲长氏序，称条次撰定，为上、下篇。《文献通考》著录，作二卷。此本亦题《大道·上篇》《下篇》，与序文相符，而通为一卷，盖后人所合并也。序中所称熙伯，盖缪袭之字。其山阳仲长氏，不知为谁？李淑《邯郸书目》，以为仲长统。然统卒于建安之末，与所去黄初末者不合。晁公武因此而疑史误，未免附会矣。"案《四库》著录之本，与今通行本同。这篇"序"，恐是伪物。《群书治要》引此书，上篇题《大道》，下篇题《圣人》，与今本不合，那么今本尚定于唐朝以后的了。

今本所传的两篇，精要的议论，多在《上篇》中。然《上篇》实包含几许短章，因排列失其次第，其义遂不易通。大概条次撰定的人，于此学实未深造，故见错乱；然此篇却还存《汉志》之旧。其间论"名法"的意义，十分精当；此外文字平近处，乃后人所改。《下篇》，则由杂集而成，也许是后人所附益，而非汉时所有。所以《汉志》称一篇，《隋志》称二卷。

尹文的法学理

本书的主旨，在"尊崇道德"，故谓道贵于"儒""墨""名""法"，非"法术""权势"之治，所得比伦。至于他的法学，可得下列的几大纲：

1．所贵乎道者，为其能无为而治。无为而治，非不事事之谓；天下所以无事可为者，以其治也；天下之所以治，以物各当其分也。

2．物而各当其分，则天下固已大治。然此非可安坐而致，故必藉法以治之。"权"与"势"，皆所以行法，法则所以蕲致于道。法之蕲致于道奈何？曰，使天下之物，各当其分而已。

3．使天下之物，各当其分；然非能举天下之物，为之强定其分，而使之守之也。能使之各当其固有之分而已。如此，则"形以定名，名以定事"之术，不可不讲。

4．天下万事，人不可备能；责其备能于一人，贤者其犹病诸！今人君以一身任天下之责，而其所操者，不过"形以定名，名以定事"之一事，不亦简而易操乎？

5．任法之治，固尚未能合道；然必先合于法，而后可以蕲于至道；是欲蕲至于道者，必先行法，则断然矣！而欲定法，则必先审形名。此"形名"之术，所以为"至治"之要。

《尹文子》全书的学理，大旨如此。惜此篇为后人重定，失其次第，其文字疑亦有改易。然诸书言"形名"之至理，未有如此篇之明切的，学者宜细读之！

又此书中，陈义虽精，然也有后人窜入的文字。例如："见侮不辱，见推不矜；禁暴寝兵，救世之斗。"这是《庄子》引《尹文》语，而此篇袭用之，乃与上下文的意义，全不相干，即其窜附之证。大约古人之从事辑佚的，不肯像后人的逐条分列，必以己意替它联贯；识力不及的，便致首尾横断，也非必有意作伪的。至如："贫则怨人，贱则怨时"一节，那断非周秦人语，亦全非"名家"的精义了。

《慎子》

简介

《慎子》书一卷，旧题，周慎到撰。按《汉志》："'法家'，《慎子》，四十二篇。名到。先申、韩，申、韩称之"。《唐志》云十卷，不言篇数。《崇文总目》言三十七篇。校以《汉志》，已减少五篇。王应麟谓："惟有《威德》《因循》《民杂》《德立》《君人》五篇"，则和今所传本相合。然今本每篇寥寥数行，故《四库提要》，又说它："出后人捃摭，非陈振孙所见之旧已。"

《史记·孟荀列传》曰："慎到，赵人。田骈、接子，齐人。环渊，楚人。皆学黄老道德之术，因发明序其指意。故慎到著《十二论》，环渊著《上》《下篇》，而田骈、接子，皆有所论焉。""集解"："徐广曰：'今《慎子》，刘向所定，有四十一篇。'""正义"："《慎子》十卷，在'法家'，则战国时处士。"按《荀子》说："慎子蔽于法而不知贤。"又说："慎子有见于先，无见于后。"

《庄子》中，以慎到与田骈、彭蒙并称。说他："弃知去己，而缘不得已……笑天下之尚贤，非天下之大圣……不师智虑，不知前后……推而后行，曳而后往……曰：至于若无知之物而已……豪杰相与笑之，曰：慎到之道，非圣人之行，而至死人之理。"观上荀、庄二人之论，其学实合"道""法"为一家的。所以《史记》说他学黄老道德之术，而《汉志》以其书属之于"法家"。

学说

《慎子》书，亦"法家"者流，可惜阙佚太多。然其"学理"，有可得而说的。今条述于下：

1. 治天下者，因物理的当然，各定一法以守之，不求于法之外，也不宽于法之中，则上下相安，可以清净而治。如《君人篇》说："君人者，舍法而以身治，则诛赏予夺，从君心出。然则受赏者虽当，望多无穷；受罚者虽当，望轻无已。君舍法而以心裁轻重，则同功殊赏，同罪殊罚矣。怨之所由生也。……故曰：大君任法而弗躬，则事断于法。法之所加，各以其分，蒙赏罚而无望于君，是以怨不生而上下和矣。"

2. "法家"虽说尊重君权，然实欲藉以求治，非教之以天下自私的。例如，《威德篇》说："古者立天子而贵之，非以利一人也。曰：天下无一贵，则理无由通，通理以为天下也。故立天子以为天下，非立天下以为天子也。"

3. 大君治国，理上而兼畜下，法之行，当视人民以为本的。例如，《民杂篇》说："大君者，太上也，兼畜下者也。下之所能不同，而皆上之用也，是以大君因民之能为资，尽包而畜之，无能去取焉。"

此外如《因循篇》说："因则大，化则细。因也者，因人之情也。人莫不自为也，化而使之为我，则莫可得而用。"这"化"字，实为《老子》中"化而欲作"之化字的确注。由此知《慎子》一书，虽多阙佚，但亦很可以宝贵的。

《邓析子》

《邓析子》，《汉志》属"名家"，凡二卷。旧题，周邓析撰。《隋志》称一卷。《四库提要》说："今本仍分《无厚》《转辞》二篇，然其文，节次不相属，似亦掇拾之本也。"又说："'圣人不死，大盗不止'一条，其文与《庄子》同，或篇章浅缺，后人摭《庄子》以足之欤？"今按此书，颇有采掇周秦古书处，也有后人以己意窜入处。细核它的词意，好像是南北朝人所作的。例如，"忠怠于宦成，病始于少瘳，祸生于懈慢，孝衰于妻子"等，都决不是周秦人语。

《吕氏春秋》说："子产治郑，邓析务难之。与民之有狱者约，大狱一衣，小狱襦袴，民之献衣襦袴而学讼者，不可胜数。以非为是，以是为非，是非无度，而可与不可日变。所欲胜因胜，所欲罪因罪。郑国大乱，民口谨讹，子产患之。于是杀邓析而戮之，民心乃服，是非乃定，法律乃行。"而左氏，称四颛为政始杀之。邓析一生事迹之可见的，大概如此。

《公孙龙子》

《公孙龙子》一书，《汉志》称十四篇。旧题，赵人公孙龙撰。《唐志》，称三卷。今所存的，只有《迹府》《白马》《指物》《通变》《坚白》《名实》六篇而已。按公孙龙，字子秉，赵人。以"坚白"之辩，名于时。初为平原君门客。平原君信其说，而厚待之。后齐使邹衍过赵，平原君以问邹子。邹子曰："不可！彼天下之辩，有'五胜'、'三至'，而'辞至'为下。辩者，别殊类使不相害，序异端使不相乱，抒意通指，明其所谓，使人与知焉，不务相迷也。故胜者，不失所守；不胜者，得其所求；若是，故辩可为也。及至烦文以相假，饰辞以相悖，巧譬以相移，引人声使不得及其意；如此，害大道。"平原君悟而黜之。龙又与魏国公子牟相友善，其说乃大行。公孙龙的一生事迹，大略如此。

《墨子》

简介

《墨子》书，《汉书》"墨家"，称七十一篇。旧题，战国宋大夫墨翟撰。按《隋书·经籍志》以下，都说是十五卷。今所传本，卷数和《隋志》相同；而篇数则只有五十三篇，较《汉志》少了十八篇。——所少十八篇中，八篇尚有目，十篇并目无之——其宗旨所在：曰"尚贤"，曰"尚同"，曰"兼爱"，曰"天志"，曰"非攻"，曰"节用"，曰"节葬"，曰"明鬼"，曰"非乐"，曰"非命"。除此各本篇外，《法仪》则论天志；《七患》《辞过》，为节用之说；《三辨》亦论非乐；《公输》明非攻之旨；《耕柱》《贵义》《鲁向》三篇，皆杂记墨子之言。

此外《经上》《经下》《经说上》《经说下》《大取》《小取》六篇，为"名家"言，便是现在的"论理学"。《备城门》以下诸篇，为古"兵家"言。墨翟是非攻而主守的，这是他守御的方法。《非儒》《公孟》两篇，专以诘难"儒家"；而《修身》《亲士》《所染》三篇，实为"儒家"之言。《墨子》中既有"儒家"之言，因此后人有疑它非墨子之书。《淮南子·要略训》有曰："墨子学'儒者'之业，受孔子之术，以为其礼烦扰而不悦，厚葬靡财而贫民，服伤而害事，故背周道而用夏政。"其说也未尝无据。

《墨子》书的大概，既如上述。今请略述墨子的历史。《史记·孟荀列传》："盖墨翟，宋之大夫。"他并不是说宋人。据后人的考证，孙诒让说他是鲁人（见孙氏《墨子闲诂》），其说极有根据。至于他所生的时期，则据汪中《述学》说："墨子实与楚惠王同时……其年于孔子差后，或犹及见孔子矣。"（参看汪氏《述学》）考证十分精确。近人胡适之，更依各种证据，定"墨子大概生于周敬王二十年与三十年之间，死在周威烈王元年与十年之间"（《中国哲学史大纲》，第六篇第一章）。墨子的生地和生时，与他的"学说"很有关系，读《墨子》时，不可不加以注意！

思想

《墨子》一书思想非常丰富，其中政治思想、伦理思想、哲学思想、逻辑思想和军事思想都比较突出，尤其是它的逻辑思想，是先秦逻辑思想史的奠基作。

《墨子》的政治思想，主要反映在《尚贤》《尚同》《非攻》《节用》《节葬》《非乐》诸篇中。墨家主张任人唯贤的用人原则，反对任人唯亲，它说，做官的不能永远都是高贵的，老百姓也不能永远都是下贱的。它主张从天子到下面的各级官吏，都要选择天下的贤人来充当。墨子反对统治者发动的侵略战争，声援被侵略的国家，并为此而奔走呼嚎，勇敢地主持正义。墨子对统治者过的骄奢淫逸的糜烂生活极为反感，主张对统治者要过行限制。对死人的葬礼，墨子主张节俭，反对铺张浪费。这些客观上反映了广大劳动人民的愿望和要求。

《墨子》的伦理思想，主要反映在《兼爱》《亲士》《修身》等篇中。墨子主张"兼相爱，交相利"，人们不分贵贱，都要互爱互利，这样社会上就不会出现以强凌弱、以贵欺贱、以智诈愚的现象。国君要爱护有功的贤臣，慈父要爱护孝顺的儿子。人们处在贫困的时候不要怨恨，处在富有的时候要讲究仁义。对活着的人要仁爱，对死去的人要哀痛，这样社会就会走向大同。墨子的伦理思想虽然抹杀了阶级性，带有空想的色彩，但它却是广大劳动人民要求平等、反抗压迫、呼唤自由的心声。

《墨子》的哲学思想，主要反映在《非命》《贵义》《尚同》《天志》《明鬼》《墨经》诸篇中。墨家哲学思想的最大贡献是认识论。墨子主张把知识分为"闻知"、"说知"、"亲知"三类，"闻知"是传授的知识，"说知"是推理的知识，"亲知"是实践经验的知识。这就否定了唯心主义的先验论。

为此，墨子在认识论方面提出了著名的"三表法"，他说："有本之者，有原之者，有用之者。于何本之？上本之于古者圣王之事。于何原之？下原察百姓耳目之实。于何用之？废以为刑政，观其中国家百姓人民之利。此所谓言有三表也。"

（《墨子·非命上》）墨子还反对儒家鼓吹的"天命论"，他不相信"天命"的存在，他提倡"尚力"。在"名""实"关系上，墨家认为"名"必须服从"实"，没有"实"作基础，"名"就是虚假的。这些思想都具有唯物主义的性质。但是，墨子又相信"天志"，他认为天有意志，天能赏善罚恶，爱人憎人。他还论证了鬼神的客观存在，这就不免陷入了唯心主义的泥坑。这说明墨家的唯物论思想还有缺陷，还不彻底。

《墨子》的逻辑思想，主要反映在《经》上下、《经说》上下、《大取》《小取》6 篇中，这主要是后期墨家的思想。在《墨经》中，后期墨家提出了"辩""类""故"等一套完备的逻辑概念。在《小取》篇中论述了辩论的作用，即辩论是要分析是非的区别，审查治乱的规律，弄清同异的所在，考察名实的道理，判别利害，解决疑似。还阐述了辩论的几种方式，对推理的研究也甚为精细。后期墨学建立了相当严谨完整的逻辑理论，在中国逻辑思想发展史上起了开创作用，具有较高的学术地位。直到今天，它仍是人们学习中国逻辑思想史的重要材料，给人以智慧的启迪。

《墨子》的军事思想，主要反映在《备城门》《备高临》《备梯》《备水》等篇中。由于墨家学派主张"兼爱""非攻"，反对侵略战争，所以它的军事理论主要是积极的防御战术，这虽然不及兵家的军事思想全面深刻，但它却反映了广大劳动人民厌恶战争、渴望和平的心理愿望。

《墨子》一书所蕴含的思想极其丰富，在中国思想发展史上具有重要的学术地位。《墨子》思想代表了广大劳动人民的利益和要求，是劳动人民智慧的结晶。正因为如此，它不被统治阶级所赏识，到了秦汉，墨学已没有多大影响，墨子的事迹已知之甚少，连史学家司马迁为墨子作传，也寥寥数语。

今天，我们运用马克思主义观点来分析研究《墨子》，进一步发掘其思想学说的蕴涵，批判地吸取其精华，剔除其糟粕，对建设高度发达的社会主义文化事业，具有十分深远的意义。

《鬼谷子》

《鬼谷子》，《汉志》不著录。《隋志》称"纵横家"，有《鬼谷子》三卷。注曰："周世，隐于鬼谷。"按《史记》："战国时，隐居颖川阳城之鬼谷，因以自号。长于养性治身。苏秦、张仪师之，受'纵横'之学。"尹知章叙："此书即授秦、仪者。《捭阖之术》十三章，《本经》《持枢》《中经》三篇。——说，受《转丸》《胠箧》二章。"《唐志》卷数，与《隋志》相同，而注中称苏秦。阮孝绪《七录》，有苏秦书，乐壹注，谓秦欲神秘其道，故假名鬼谷。这又为《唐志》之所本的。胡应麟《笔丛》，则说：《隋志》有《苏秦》三十一篇，《张仪》十篇，必东汉人本二书之言，荟萃为此，而托于鬼谷"，其说颇为近理，然亦终无确证.《四库提要》

以之列入"杂家"，盖其书似兼"道家""兵家""纵横家"诸
说的。

《鹖冠子》

《鹖冠子》一书，历代的著录，篇数颇有异同。按：《汉志》
载"道家"《鹖冠子》一篇。注曰："楚人。居深山，以鹖为冠。"
《隋志》《唐志》皆称三卷。《四库提要》，列入"杂家"。所据为宋
陆佃注本，卷数与《隋》《唐志》同。其言曰："此本凡十九篇，
陆佃序，谓韩愈读此，称十六篇，未睹其全。佃，北宋人，其时
'韩文'初出，当得其真。今本'韩文'，乃亦作十九篇，殆后来
反据此书，以改'韩集'？此注则当日已不甚显，惟陈振孙《书录
解题》载其名。晁公武《读书志》，则但称有八卷一本。前三卷全
同《墨子》，后两卷多引汉以后事。公武削去前后五卷，得十九篇。
殆由未见'佃注'，故不知所注之本为十九篇欤？"

今按此书，《汉志》所载的，只称一篇。到了韩愈的时候，已
增至十六。宋陆佃注，又增至十九篇。是后人迭有增加，已决非
《汉志》之旧了。然今所传的十九篇，却多词古义茂，断不是汉以
后人所能作的。大概此书虽非《汉志》之旧，但的确也可算它为先
秦的古书。其中如《近佚》《度量》《兵政》《学问》等篇，都称庞
子问于鹖冠子；《世贤篇》，称赵卓（悼借字）襄王问于庞煖；《武
灵王篇》，又称赵武灵王问于庞煖；那么庞子便是庞煖，而鹖冠子
者，也许就是庞煖之师呢。

《吕氏春秋》

简介

　　《吕氏春秋》，《汉志》"杂家"称二十六篇。旧题，秦相吕不韦撰。考《史记·文信侯传》，实其宾客之所撰。《太史公自序》中，又称"不韦迁蜀，世传《吕览》"。是《吕览》又此书的别名了。然自高诱以下，都不用此说，大抵因它是史之驳文，故不以为据。今本所传的，凡《十二纪》《八览》《六论》。"纪"所统的子目，有六十一；"览"所统的子目，有六十三；"论"所统的子目，有三十六；实共一百六十篇。《汉志》所载，是举其纲而说的。

　　《吕氏春秋》的《十二纪》，便是《礼记》中的《月令》。但是它以十二月割为十二篇，每篇的后面，又各以插入他文四篇；只有夏令多言"乐"，秋令多言"兵"，似乎尚有意义，其余却不可晓。又每"纪"都附四篇，而《季冬纪》独有五篇，末一篇并为标识年月，题曰《序意》，为《十二纪》的总论，大约他的所谓"纪"者，犹之他书所谓"内篇"，而"览"和"论"犹之"外篇""杂篇"吗？以上是说《吕氏春秋》的大概情形。

　　吕不韦的一生事迹，《史记》中有他的"列传"。大概说：吕不韦，濮阳人，本是阳翟地方的一个大贾。后来经商至赵，适庄襄王的庶子楚，质于赵国，不韦见之，曰："奇货可居也。"于是取邯郸妓，与之有孕，献之于楚。更为楚说动了安国君和庄襄王后，立为太子。及庄襄王死，楚即位，为孝文王，不韦便以功封为文信侯，食河南洛阳十万户。不韦既显贵，乃尽致天下的辩士，厚待他们，使人人著所闻，集论凡《八览》《六论》《十二纪》，二十余万言，备言天地万物古今之事，号曰《吕氏春秋》。这便是吕不韦一生的事略和他著《吕氏春秋》的情形。

《吕氏春秋》的价值

《吕氏春秋》，为"杂家"之始，也的确是一部纯粹的"杂家"书。毕沅所谓："书不成于一人，不能名一家者，实始于不韦，而《淮南内外篇》次之。"这句话，很是不差。今细按此书，虽称为"杂家"，然其中"儒家"言实最多。纪氏《四库提要》，说它："大抵皆'儒家'言"，很有卓识。又按《书经大传》，曰："古者诸侯始受封，则有采地；其后子孙虽有罪黜，其采地不黜，使其子孙贤者守之，世世以祠其始受封之人。此之谓兴灭国，继绝世"。而《史记·秦本纪》庄襄王元年："东周君与诸侯谋秦，秦使相国吕不韦诛之，尽入其国。秦不绝其祀，以阳人地赐周君，奉其祭祀。"这便是兴灭国、继绝世的意义。

《史记》又称是年："大赦罪人；修先王功臣；施德，厚骨肉而布惠于民。"这亦必不韦所做的。不韦大概是能行"儒家"之义的。

吕不韦的进身之道，是用机诈手段，博取富贵，品行自无足取。然人非孔孟之圣贤，又谁能都合于礼义。例如伊尹的负鼎，百里奚的自鬻，一般王霸的辅佐，都不能免"急于求用"的缺德。高似孙说："始皇不好士；不韦则徕英茂，聚畯豪，簪履充庭，至以千计。始皇甚恶书也；不韦乃极简策，攻笔墨，采精录异，成一家言。"方孝孺亦称其书："诋訾时君为俗主，至数秦先王之过无所惮。"总之，不韦的著《吕氏春秋》，意在"备天地万物古今之事"，原不为讥切一时的。然其书立论很纯正，而不韦不能行之；假使秦王终以不韦为相，也许能行德布化，以延长他的国祚，不致二世而亡了。便是天下的百姓，也不致于受其荼毒咧。

《吕氏春秋》这部书，很多可取之处：如"贵养生"的《本生》等篇，"讥厚葬"的《节丧》等篇，"重廉节"的《诚廉》等篇，"通时变"的《察今》等篇，立论都切中时弊。其他，大至君人之道，小至人事之常，也无不"持之有故，言之成理"。大抵此书除"儒家"言外，亦存"道""墨""名""法""兵""农"诸家之说。诸家的书，或多不传；传者或非其真；欲考其义，或转赖此书的存在，那真可说它是艺林的瑰宝了！要之不韦的为人，当然是善恶不相掩；而其书却卓然可传。讥其失而忘其善，已不免一曲之见；若因其人而废其书，那更耳食之流了。

《淮南子》

《淮南子》，《汉志》"杂家"，称《淮南内》二十一篇，旧题，汉淮南王刘安撰。据《汉书·淮南王传》，称安："招致宾客、方术之士数千人，作为《内书》二十一篇，《外书》甚众，又有《中篇》八卷，言神仙黄白之术，亦二十余万言。……安入朝，献所作《内篇》，新出，上爱秘之。"则此书实系刘安所招的宾客合作，而归名于刘安的，犹之《吕氏春秋》称吕不韦撰一样。今所传的

《淮南子》，凡二十一篇，其为《内篇》，似无疑义，故《汉志》称《淮南内》二十一篇。

高诱序说："与苏飞、李尚、左吴、田由、雷被、毛被、伍被、晋昌等八人，及诸儒大山、小山之徒，共讲论道德，总统仁义，而著此书。

其旨近老子，淡泊无为，蹈虚守静，出入经道。言其大也，则焘天载地，说其细也，则沦于无垠，及古今治乱，存亡祸福，世间诡异瑰奇之事。其义也著，其文也富。物事之类，无所不载，然其大较，归之于道，号曰《鸿烈》。鸿，大也；烈，明也；以为大明道之言也。故夫学者不论《淮南》，则不知大道之深也。是以先贤通儒，述作之士，莫不援采，以验经传。刘向校定撰具，名之《淮南》。又有十九篇，谓之《外篇》。"

从上"高诱序"看来，对于《淮南子》这部书，有两个可疑之点：

1. 他说，"十九篇为《外篇》"，和《汉志》所称《淮南外》三十三篇不合。而《汉志》"天文"，却有《淮南杂子星》十九卷，卷数和诱所述《外篇》篇数相符。然舍《汉志》《淮南外》三十三篇而不言，乃以其为《杂子星》者当外篇，于理终有可疑。也许这十九篇，便是三十三篇的残缺罢。

2. 他说："刘向校定撰具，名之《淮南》。"则似此书原名《鸿烈》，至刘向始改题为《淮南》的。然本书《要略》，虽有"此鸿烈之泰族"一语，而辨它的文义，似为诠释《泰族篇》，未必就是指全书的。高诱所说，似属附会。

又按晁公武《郡斋读书志》，说："许慎注本，首题'闲诂'，次题'淮南鸿烈'，未记'许慎记上'。"许氏、高氏，都是汉人，

疑当时固通称"淮南鸿烈"的。大约淮南王当日上此书时，单名曰
"内"，或曰"内书"；刘向校录时，乃冠以'淮南'二字；至后汉
时，复取《要略篇》中的"鸿烈"二字，便称《淮南鸿烈》的。
是高诱所说的原名《鸿烈》，多半是不可信的。其后《旧唐书》
中，有何诱的《淮南鸿烈音》一卷，是言"鸿烈之音"的。《宋
志》中，有《淮南鸿烈解》二十一卷，"解"者，"注解"之意，
其义本极显明，然因《宋志》于书名下直记"淮南王安撰"字样，
后人不察，便说"鸿烈解"乃是书名，那更错得厉害了！

《孙子》

简介

　　《孙子》书，《汉志》"兵家"，称八十二篇。旧题，周孙武撰，
魏武帝注。今《四库》所著录的，仅一卷，凡十三篇。按《史记》
称："孙子武者，齐人也。以兵法，见于吴王阖庐。阖庐曰：'子之
十三篇，吾尽观之矣。'"又说："世俗所称师旅，皆道《孙子》十
三篇。"而魏武帝《孙子兵法序》，亦说："武为吴王阖庐作《兵
法》十三篇。"由此以观，则《孙子》十三篇之说，由来已久；而
《汉志》著录，何以有八十二篇呢？张守节《史记正义》引《七
录》说"《孙子兵法》三卷，十三篇为上卷，又有中、下二卷"。
是所佚的六十九篇，也许就是这中、下二卷。杜牧说："武书本数
十万言，皆曹操削其繁剩，笔其精粹，以成此书。"然《史记》称

十三篇，却在《汉志》之前，不得以后来附益的为本书，那杜牧之言，当然也不足以为据。

此书注本极多，据《隋书·经籍志》所载，自曹操而外，还有王凌、张子尚、贾诩、孟氏、沈友诸家。《唐志》中，又益以李筌、杜牧、陈皞、贾林、孙镐诸家。马端临《经籍考》，又有纪燮、梅尧臣、王皙、何氏诸家。欧阳修说："兵以不穷为奇，宜其说者之多。"这句话，最为有理。但其注，如今所传的，已寥寥无几了。叶适因孙武不见载于《左传》，便疑其书为春秋末战国初，山林处士之所为，其实不然。春秋时列国之事赴告者，则书于策，不然则否。二百四十二年之间，大国若秦、楚，小国若越、燕，其行事不见于经传的也有，何独于孙武！且《史记》曾载其十三篇，确为武所自著，决不是后人嫁名于武的。

《孙子》的批评

《孙子》书，今所传的，自《始计》至《用间》，凡十三篇。古来言"兵法"的，以此书为最完备而最可靠了。后世批评它的，其说各异，今试条举如次：

《武经总要》说："今之秘府所存孙武子书，惟十三篇，无'图'。——按《汉志》，称《孙子兵法》有图九卷。其所言，皆权谋之事，极为精密……战国如二孙——孙武、孙膑——吴起辈，号善用兵者，而著书皆有'图'。汉名臣如韩信、子房删定，亦著其法。周公六典，司马教坐作进退之度。盖阵法者，所以训齐士众，使其上下如一，前后左右，进退周旋，如身之运臂，臂之使指，无不如意。"这是就此书之功用上加以批评的。

欧阳氏说："孙武尝以其书干吴王阖庐　阖庐用之，西破楚，北服齐、晋而霸诸侯。使武自用其书，止于强伯。及曹公用之，然亦终不能灭吴、蜀，岂武之术尽于此乎？抑用之不极其能也？"苏氏说："武用兵不能必先，与书所言远甚。"这两人的话，是因其事业之成不及其书之言，而怀疑孙武之书的。

至宋濂之评《孙子》书，则更为痛切。其言曰："《风后握奇经》，实行兵之要，其说实合乎伏羲氏之卦画，奇正相生，变化不测。诸葛亮得之，以为'八阵'；李靖得之，以为'六花阵'；而武为一代论兵之雄，顾不及之，何也？曰：《兵势篇》不云乎：'战者以正合，以奇胜。战势不过奇正，奇正之变，不可胜穷；奇正相生，如循环之无端。'《九地篇》又不云乎：'用兵者，譬如率然。率然者，常山之蛇也，击其首则尾至，击其尾则首至，击其中则首尾俱至。'斯固风后之遗说也，曾谓其不及之，可乎？呜呼！古之谈兵者，有仁义，有节制。至武，一趋于权术变诈，流毒至于今未已也。然则武者，固'兵家'之祖，亦'兵家'之祸首欤？"这一段话，于人于书，俱有所批评了。

《吴子》

简介

《吴子》书，《汉志》"兵家"，称《吴起》四十八篇。旧题，卫人吴起撰。按起尝学于曾子。又事魏文侯为将。又奔楚，为楚悼王相。后被杀。其事迹，《史记》中有"列传"。一则曰："吴起兵法，世多有之，故不论。"再则曰："能行者未必能言，能言者未必能行。"其意似以吴起为能言而又能行的人咧。惟《史记》中却不言篇数。《汉志》，载《吴起》四十八篇。然《隋志》仅示一卷，贾诩注。《唐志》，则与《隋志》相同。郑樵《通志略》，又有孙镐注一卷。皆无所谓四十八篇者；盖亦如《孙武子》的八十二篇，出于附益，并不是他的本书世所不传。

晁公武《郡斋读书志》，则作三卷，称唐陆希声类次为之。凡《说国》《料敌》《治兵》《论将》《变化》《励士》六篇。今所存的通行本，虽仍并为一卷，然篇目都和《读书志》相合；只其中《变化》作《应变》，两本不同，不知究竟是哪一本差的？胡应麟说："此书虽不必起自撰，要亦战国间人，撅其议论，编集而成。"这大概因为篇中每述吴起的事迹，所以疑它为后人所加的。

第四章 集　部

《楚辞》

简介

　　《楚辞》为西汉刘向所编，相较于《诗经》作为中国北方最早的文学总集，楚辞作为南方文学总集的代表收录楚国诗歌，在其所收著作中以屈原和宋玉的作品最受注目。一如《诗经》，楚辞作者考察并不容易，如《招魂》一篇，在《艺文类聚》卷七九载梁沈炯《归魂赋》认为是"屈原著"，而朱熹在《楚辞集注》中却同意王逸的说法，归为宋玉的作品。

　　"楚辞"的名称，最早见于西汉前期。《汉书·朱买臣传》中记载："会邑子严助贵幸，荐买臣。召见，说《春秋》，言《楚词》，帝甚说（按：即'悦'）之。"又《汉书·王褒传》中有："宣帝时修武帝故事……征能为楚辞九江被公，召见诵读。"宋代黄伯思在《校定楚辞序》中概括说："盖屈宋诸骚，皆书楚语，作楚声，记楚地，名楚物，故可谓之'楚辞'。"（见《宋文鉴》

卷九十二）

楚国踞南，原为中原所轻视的蛮夷之邦；然其文化来源，与周同受殷商影响，楚庄王时势力扩张，问鼎中原，在政治文化上更大量吸收北方文化，楚辞文学受诗经深刻影响不在话下。但不同于北方文学的社会写实，《楚辞》受南方民族性的影响表达方式热情而浪漫，内容充满宗教色彩。借由对神话和传说的描写表达丰富的思想情感，更能呈现精彩细腻的艺术技巧，诸如比喻、象征、托物起兴等表达手法，在此得到更大的发展与运用。再者，楚国音乐与地方口语皆不同于北方，其作品呈现出与北方截然不同的文学风貌。是以韵文在北方的文学发展转向政治思想的散文之余，能在南方楚地开花结果，成就继《诗经》后，中国诗歌史上的第二个春天。

代表作

《楚辞》中收录作家有屈原、宋玉等人作品，其他如唐勒和景差的作品大多未能流传下来。屈原创作出了《离骚》《九歌》《九章》《天问》等不朽作品。新莽时期，刘向辑录屈原、宋玉等人的作品，编成《楚辞》一书，共十六卷，今已失佚。后来王逸增入己作《九思》，成十七篇，并为全书作注，成书《楚辞章句》。今存王逸《楚辞章句》中，还保存了西汉人贾谊、淮南小山、东方朔、庄忌、王褒、刘向等人的作品。晋代郭璞有《楚辞注》三卷。《四库全书·总目》则说："初，刘向衰集屈原《离骚》《九歌》《天问》《九章》《远游》《卜居》《渔父》，宋玉《九辩》《招魂》，景差《大招》，而以贾谊《惜誓》，淮南小山《招隐士》，东方朔《七谏》，严忌《哀时命》，王褒《九怀》及刘向所作《九叹》，共为

《楚辞》十六卷，是为总集之祖。逸又益以己作《九思》与班固二'叙'，为十七卷，而各为之注。"

历史价值

《楚辞》是在楚国民歌的基础上经过加工、提炼而发展起来的，有着浓郁的地方特色。由于地理、语言环境的差异，楚国一带自古就有它独特的地方音乐，古称南风、南音；也有它独特的土风歌谣，如《说苑》中记载的《楚人歌》《越人歌》《沧浪歌》；更重要的是楚国有悠久的历史，楚地巫风盛行，楚人以歌舞娱神，使神话大量保存，诗歌音乐迅速发展，使楚地民歌中充满了原始的宗教气氛。所有这些影响使得楚辞具有楚国特有的音调音韵，同时具有深厚的浪漫主义色彩和浓厚的巫文化色彩。可以说，《楚辞》的产生是和楚国地方民歌以及楚地文化传统的熏陶分不开的。

同时，《楚辞》又是南方楚国文化和北方中原文化相结合的产物。春秋战国以后，一向被称为荆蛮的楚国日益强大。它在问鼎中原、争霸诸侯的过程中与北方各国频繁接触，促进了南北文化的广泛交流，楚国也受到北方中原文化的深刻影响。正是这种南北文化的汇合，孕育了屈原这样伟大的诗人和《楚辞》这样异彩纷呈的伟大诗篇。

《楚辞》在中国诗史上占有重要的地位。它的出现，打破了《诗经》以后两三个世纪的沉寂而在诗坛上大放异彩。后人也因此将《诗经》与《楚辞》并称为风、骚。风指十五国风，代表《诗经》，充满着现实主义精神；骚指《离骚》，代表《楚辞》，充满着浪漫主义气息。风、骚成为中国古典诗歌现实主义和浪漫主义的创作的两大流派。

注本是东汉王逸的《楚辞章句》。《四库全书总目》说："初，刘向裒集屈原《离骚》《九歌》《天问》《九章》……而各为之注。"但刘向编定的《楚辞》16卷原本已佚。《楚辞章句》即以刘向《楚辞》为底本，它除了对楚辞做了较完整的训释之外，还提供了有关原本的情况。在《楚辞章句》的基础上，南宋洪兴祖又作了《楚辞补注》。此后，南宋朱熹著有《楚辞集注》，清初王夫之撰有《楚辞通释》，清代蒋骥有《山带阁注楚辞》，等等。他们根据己见，作了许多辑集、考订和注释、评论工作。

别集类上——汉魏六朝的别集

《扬子云集》

《扬子云集》，西汉扬雄撰，凡六卷。扬雄，蜀郡成都人。少而好学，不为章句，训诂通而已；博览无所不见。为人简易佚荡，口吃不能剧谈，默而好深湛之思。有大度，非圣哲之书不好；非其意，虽富贵不仕。但性好辞赋，尝吊屈原，作《反离骚》《广骚》等篇。成帝时，被召，从至甘泉，还奏《甘泉赋》；又有《河东赋》《长杨赋》诸作。及王莽篡位，草《太玄》以明"泊如"之旨；人或嘲之，乃作《解嘲》以辨。他更效《易》作《太玄》，效《论语》作《法言》，效《苍颉篇》作《训纂》，效《虞箴》作《州箴》。司马相如与雄同郡，作赋极宏丽温雅，雄心壮之，每作赋，常拟之以为式。其后因操守不坚，曾作《剧秦美新》之文以颂莽，天下人皆丑之；然其雄浑的笔墨，深渊的辞气，自是汉代杰出的思想家。

按《扬子云集》，据《汉书·艺文志》《隋唐·经籍志》《唐书·艺文志》所录，都称五卷，其本已久佚。至宋时谭愈，始取《汉书》及《古文苑》所载，凡四十余篇，仍辑为五卷，但已非旧本了。明代万历中，遂州人郑朴，又取雄所撰《太玄》《法言》《方言》三书，及类书所引《蜀王本纪》《琴清英》诸条，和诸"文""赋"合编之，定为六卷，而以逸篇之目附卷末，这便是今传之本。又雄所撰诸"箴"，《古文苑》及《中兴书目》都说二十四篇；惟晁公武《读书志》称二十八篇，多出《司空》《尚书》《博士》《太常》四篇。此集再加上《太官令》《太史令》为三十篇。考《后汉书·班固传》"注"引雄《尚书箴》，《太平御览》引雄《太官令》《太史令》二箴，那么朴之所增，也未为无据。

今考扬子的书，文义很深，而所论却不诡于圣人；若使他遭遇时君，更阅贤知，为所称善，那必度越诸子了。一般儒者，或讥以为雄非圣人而作经，犹春秋时候的吴、楚之君，僭号称王，盖诛绝之罪也。自扬雄没后四十年，《法言》一书，大见风行，而《太玄》终不显。然篇籍具存，后世的研究扬氏之文者，每多喜其雄奇诡隆，而欣赏不已。

《蔡中郎集》

《蔡中郎集》，后汉蔡邕撰，凡六卷。邕，字伯喈。陈留圉人。少博学，师事太傅胡广，好辞章、数术、天文，妙操音律。桓帝时，中常侍徐璜等擅恣，闻邕善鼓琴，遂白天子，勒陈留太守督促发遣，邕不得已，行到偃师，称疾而归。闲居玩古，不交当世。感东方朔作《客难》，及扬雄、班固、崔骃之徒，设疑以自通，乃斟酌群言，韪其是而矫其非，作《释诲》以戒厉云。邕又以经籍去圣久远，文字多谬，俗儒穿凿，疑误后学，乃与杨赐、马日磾等，奏请正定《六经》文字，灵帝许之，邕遂自书册于碑，使工镌刻，于是后儒晚学，都以此为取正。生平著"诗""赋""碑""诔""铭""赞""连珠""箴""吊""论""议""书""记"等凡百余篇，传于世。

按《隋书·经籍志》，载后汉左中郎将《蔡邕集》十二卷，注曰："梁有二十卷，录一卷"，则其"集"至隋，已非完本了。《旧唐书·艺文志》，乃仍作二十卷，这也许是由于官书佚脱，而民间的传本未亡，所以复见行世。至《宋史·艺文志》中所著录，仅有十卷，则又经散亡，非其旧本了。今所传《蔡中郎集》六卷，为雍正中陈留所刊，"文"与"诗"共得九十四首；证以张溥的"百三家集"刻本，多寡增损，互有出入。卷首有"欧静序"，论姜伯淮、刘镇南"碑"，断非邕作，以年月考之，其说良是；"张本"删去"刘碑"，不为无见。然以伯淮为邕前辈，宜有邕文，遂改建安二年为熹平二年，则又近于武断了。

《蔡邕集》中，特多"碑文"；亦以他的"碑文"诸作，最见"醇雅"。考上古的铭，铭于宗庙的碑上，自蔡邕为杨公作碑，其文典正，这是末世文字之最美者。顾亭林《日知录》中，说："《蔡伯喈集》内，为时贵'碑诔'之作甚多，如胡广、陈实各三碑，桥玄、杨赐、胡硕各二碑；至若袁满来年十五，胡根年七岁，多为之作碑，自非利其润笔，不至为此，史传以其名重，隐而不言耳。"

由此看来，文人受贼，为人润文，又岂独韩退之的谀墓金而已！

《孔北海集》

《孔北海集》，后汉孔融撰，凡一卷。融，字文举，鲁国人。孔子二十世孙。少时，为李膺所器重；及长，与陈留边让齐声。曹操当国，融与书，多侮慢，数发辞偏宕，以致乖忤。操惮融名重天下，时建正议，虑其有鲠大业；而山阳郗虑，承望风旨，以微法奏免融官，操遂构成其罪，令路粹枉状奏融前与白衣祢衡，跌荡放言，更相赞扬，竟坐弃市。及魏文帝即位，募天下有上融文章者，辄赏以金帛。生平所著，有"诗""颂""碑文""论议""六言""策文""表""檄""教令""书记"等，凡二十有五篇，今传于世。刘勰说："孔融气盛于为笔，祢衡思锐于为文，有偏美焉。"

按魏文帝《典论·论文》，称："孔氏卓卓，信含异气，笔墨之性，殆不可胜。"《后汉书》"融本传"，亦说："魏文帝深好融文辞，每叹曰：'扬、班俦也！'"《隋书·经籍志》，载汉少府《孔融集》九卷，注曰："梁十卷，'录'一卷"，则较本传所记的，已多增益了。《新》《旧唐书》，都作十卷，这还是梁时的旧本。《宋史》中始不著录，则其集当散佚于宋时。今传的《北海集》，乃明人所掇拾，凡"表"一篇，"疏"一篇，"上书"三篇，"奏事"二篇，"议"一篇，"对"一篇，"教"一篇，"书"十六篇，"碑铭"一篇，"论"四篇，"诗"六篇，共三十七篇。其《圣人优劣论》，盖一文而偶存两条，编次者遂分为两篇，其实是三十六篇。张溥"百三家集"中，亦载有此"集"，但较此本为少，可作参校之用。

又按"六言诗"之名，见于孔融本传。今所存的三章，词多凡近，又皆盛称曹操功德，断以融的生平行事，可信其义不出此。即使旧本有之，亦必黄初年间，购求遗文，好事者赝托融作，以颂曹操，未可定为真本的。今因其书流传已久，故《四库》中仍用旧本录之，而附纠其伪于此"集"中。又其"诗文"，多有笺释本义者，不知何人所作。至若"奏疏"之类，笺释皆附缀篇末；"书教"之类，则又夹注篇题之下，体例自相违异。今《四库》本，悉以夹注于篇题之下，颇见画一整齐之致云。

《曹子建集》

《曹子建集》，魏曹植撰，凡十卷。植，魏武帝操之子，文帝丕之弟。年十岁余，诵读《诗》《论》及辞赋数十万言，善属文。太祖尝视其文，谓植曰："汝倩人邪？"植跪曰："言出为论，下笔成章，愿当面试！奈何倩人？"时邺铜爵台新成，太祖悉将诸子登台，使各为赋。植援笔立成，可观，太祖甚异之。性简易，不治威仪，舆马服饰，不尚华丽。每进见难问，应声而对，特见宠爱，封平原侯。后以醉酒悖慢，劫胁使者，贬爵。继又封陈王。植以十一年中，凡三徙都，常汲汲无欢，遂卒。前后所著"赋""颂""诗""铭""杂论"，凡百余篇。

按《隋书·经籍志》，载《陈思王集》三十卷。《唐书·艺文志》作二十卷，然复曰又三十卷；盖三十卷者，隋时旧本，二十卷者，为后来合并重编，实无两集。郑樵作《通志略》，亦并载二本。陈振孙《书录解题》，作二十卷，然振孙谓其间颇有采取《御览》《书钞》《类聚》中所有者，则捃摭而成，已非唐时二十卷之旧。《文献通考》作十卷，又并非陈氏著录之旧。本集所录，凡赋四十四篇、诗七十四篇、杂文九十二篇，合计之，得二百十篇，较《魏志》所称百余篇者，其数转多。然残篇断句，错出其间，如《鹖雀》《蝙蝠》二赋，均采自《艺文类聚》；《七哀诗》，晋人采以入乐章，增减其词，以就音律，而此集即载其入乐之本。凡此均属舛谬，读者不可不知！

《陆士龙集》

《陆士龙集》，晋陆云撰，凡十卷。云少时，与其兄机齐名，时人称为"二陆"。史籍上谓其文章不及机，而持论过之。今观集中诸"启"，其执词诤谏，陈议鲠切，诚近于古之遗直。至其文藻丽密，词旨深雅，与机亦不相上下。吴中二俊，要亦未易分其优劣。云尝与荀隐同在张华座，华曰："今日相遇，勿为常谈！"云抗手曰："云间陆士龙。"隐曰："日下荀鸣鹤。"时人以为名对。云初因成都王颖表荐，为清河内史，转大将军右司马。颖晚节政衰，云屡以正言忤旨，及其兄机被诛，云亦遇害。钟嵘《诗品》，其评云曰："清河之方平原，殆如陈思之匹白马。于其哲昆，故称'二陆'。"

按《隋书·经籍志》，载《陆云集》一二卷，又称梁十卷，"录"一卷，是当时所传的本子已有异同了。《新唐书·艺文志》但作十卷，则所谓十二卷者已不复见。至南宋时，十卷之本又渐渐地湮没。庆元间，信安徐民瞻始得之于秘书省，与《陆机集》并刊以行，然今亦未见宋刻。现世所传的只有《四库》所藏之本。考诸史册，称云所著文词，凡三百四十九篇，今本仅录二百余篇，似非足本。盖宋以前相传旧集久已亡佚，此特裒合散亡，重加编辑，故叙次颇为丛杂。特以云的原集既不可见，只有藉此以传什一，故其舛讹之处，悉仍其旧录之，以存其梗概云。

《陶渊明集》

《陶渊明集》，晋陶潜撰，凡八卷。潜，字渊明，或云，字深明，名元亮，浔阳柴桑人。少有高趣，尝著《五柳先生传》以自况，时人谓之实录。又尝为彭泽令，郡遣督邮至县，吏告以应束带见之，潜叹曰："我不能为五斗米折腰向乡里小儿！"即日解印绶去，赋《归去来》以见志。潜自以先世晋代宰辅，耻屈身宋朝，故所著文章，在义熙以前，明书晋氏年号，自永初以来，只称"甲子"而已。刘宋元嘉初，病卒，世称之为靖节先生。欧阳修尝谓："晋无文章，惟有陶渊明之《归去来兮辞》而已。"盖晋、宋以下，六朝间固无如斯清高之文辞的。

渊明的诗文，几乎篇篇有酒，然观其意，似不在酒，盖亦寄酒为迹罢了。梁萧统称他："文章不群，辞彩精拔，跌宕昭彰，独超众类，抑扬爽朗，莫之与京。横素波而傍流，干青云而直上。语时事则指而可想，论怀抱则旷而且真。加以贞志不休，安道苦节，不以躬耕为耻，不以无财为病，自非大贤笃志，与道污隆，孰能如此乎？"其推崇陶渊明处，是实录而非溢美。渊明的"诗"，自唐代韦应物、柳宗元、白居易以下，若宋朝的王安石、苏轼、苏辙等都常慕而拟之。然应物失之"平易"，宗元失之"深刻"，轼、辙所规摹的，益见其"皮相"了。

《鲍参军集》

《鲍参军集》，宋鲍照撰，凡十卷。照，字明远，东海人。晁公武《读书志》作上党人，盖误读"虞炎序"口"本上党人"之语。"照"或作"昭"，盖唐人避武后讳所改。而韦庄诗中，有"欲将张翰松江雨，画作屏风寄鲍昭"，将"昭"字押入平声，殊失其实。沈约的《宋书》、李延寿的《南北史》，凡作于武后称制以前者，实皆作"照"，不作"昭"的。照曾为临川王子顼的参军，没于乱兵，遗文零落；至齐散骑侍郎虞炎，始编次以成集的。

按《隋书·经籍志》著录，称《鲍参军集》十卷，而注曰梁六卷，是则十卷之数，又后人所续增的了。今《四库》所收之本，为明朝正德年间朱应登所刊，说是得于都穆家，卷数与《隋志》相合，而冠以"虞炎序"，不知就是《隋志》旧本否？考其编次，既以"乐府"一门别为一卷，而《采桑》《梅花落》《行路难》，亦皆乐府，乃列入诗中。唐以前人，皆解声律，不应舛讹如此。又如《行路难》第七首"蹲蹲"字下，注曰"集作'樽樽'"，使果为原集，何得又称"集作此"云云？其为后人所重辑，诚为明验了。然其中文章，都有首尾，诗赋亦往往有自序、自注，与六朝他集从"类书"中采出者不同，也许是因袭相传的旧本，而稍为窜乱呢！

鲍照的文章，"典赡雅逸"。尝为"古乐府"，甚道丽，殆可拟迹于颜、谢之间；而名位不显。钟嵘《诗品》，则评之曰："宋参军鲍照，其源出于'二张'，善制形状写物之词。得景阳之诙诡，含茂先之靡嫚。骨节强于谢混，驱迈疾于颜延。总四家而擅美，跨两代而孤出。嗟其才秀人微，故致湮当代。然贵尚巧似，不避危仄，颇伤清雅之调，故言险俗者，多以附照。"至唐代诗家杜甫，又以照与庾信并称，其言曰："清新庾开府，俊逸鲍参军。""俊逸"两字，很足以状鲍氏诗文之情景。

《谢宣城集》

《谢宣城集》，齐谢朓撰，凡五卷。朓，字元晖，陈郡阳夏人。文章清丽。解褐豫章王太尉行参军，历随王镇西功曹，转文学。子隆在荆州，好辞赋，数集僚友，朓以文才，尤被赏爱，流连晤对，不舍日夕。高宗辅政，以朓为骠骑咨议，领记室，掌霸府文笔。旋出为宣城太守，复人为尚书吏部郎。长五言诗，沈约常说："二百年来无此诗也！"敬皇后迁祔山陵，撰《哀策》文，齐世莫有及者。东昏侯废立之际，朓畏祸，反复不决，遂被刑祸，死时年三十六。按朓以中书郎出为宣城太守，后又迁为尚书吏部郎，其官实不止于宣城太守，而诗家皆称为谢宣城者，也许因其《北楼吟咏》，为世盛传之吧。据陈振孙《书录解题》称："《谢朓集》本十卷，楼炤知宣州，止以上五卷赋与诗刊之。下五卷，皆当时应用之文，衰世之事。可采者已见'本传'及《文选》。余视诗劣焉，无传可也。"又考钟嵘《诗品》称："朓极与余论诗，感激顿挫过其文。"则振孙之言真是不错！张溥刻"百三家集"，合朓的诗赋五卷为一卷。今《四库》本《朓集》五卷，便是宋绍兴二十八年楼炤所刻，前有"炤序"，这还是南宋的佳本。

谢朓的诗文，"清新明丽"。钟嵘评之曰："齐吏部谢朓，其源出于谢混。微伤细密，颇在不伦，一章之中，自有玉石。然奇章秀句，往往警道，足使叔源失步，明远变色。善自发端，而末篇多颋，此意锐而才弱也，至为后进士子之所嗟慕的。"唐李白尝说："自从建安来，绮丽不足珍"，而独心折谢朓。所以《太白集》中，每多追慕之作。

《江文通集》

《江文通集》，梁江淹撰，凡四卷。淹，济阳考城人。少而沉敏。六岁，能属诗。及长，爱奇尚异。自以孤贱，励志笃学。洎于强仕，渐得声誉。宋桂阳王举淹为秀才。及齐兴，为豫章王记室。梁朝天监中为金紫光禄大夫。总淹一生，历仁三世，至梁始卒。其文兼擅众体，新丽有顿挫。其赋自为杰作绝思，妙绝侪辈。晚节，才思减退，故不与永明声气之中。钟嵘《诗品》中称："文通诗体总杂，善于摹拟，筋力于王微，成就于谢朓。"此盖深知江氏之才学者。

按江淹"自序"，称："自少及长，未尝著书，惟'集'十卷。"考序中所叙官阶，止于中书侍郎；校以史传，正当建元之初，则永明以后所作，尚不在其内。今旧本已见散佚，其行于世者，只有歙县汪士贤、太仓张溥二"本"。至《四库》所著录的，乃清乾隆时淹乡人梁宾，以"汪本""张本"，参核异同，又益以睢州汤斌家"钞本"，参互成编。但"汪本"阙《知己赋》一篇、《井赋》四语、《铜剑赞》一篇、《咏美人春游》一篇、《征怨》一篇，"张本"阙《为萧让太傅扬州牧表》一篇，此本皆为补完。其他误脱的地方，亦都校正。至于小小疏舛，间或不免，然终较他本为善了。

《庾开府集》

《庾开府集》，北周庾信撰，凡十卷。信，字子山，南阳新野人。父肩吾，曾为梁朝散骑常侍中书令。信，幼而俊迈，聪敏绝伦，博览群书，尤善《春秋左氏传》。时肩吾为梁太子中庶子掌管记，东海徐搞为左卫率。搞子陵，肩吾子信，并为抄撰学士。父子在东宫，出入禁闼，恩礼莫与比隆。二人既有盛才，文并绮艳，故世号为"徐庾体"。当时后进，竞相模范，每有一文，京都莫不传诵。信尝聘东魏，文章辞令，盛为邺下所称。还，为东宫学士。台城陷后，信奔江陵。元帝时，奉使于北周，遂留长安，屡膺显秩。未几，拜洛州刺史。陈、周通好，南北流寓之士，各许还其旧国，惟信留而不遣。周世宗及高祖，并好文学，信特蒙恩礼。赵滕诸王，周旋款至，有若布衣之交。群公"碑志"，多相请托，当时文人，莫有能及信者。

《徐孝穆集》

《徐孝穆集》，陈徐陵撰，凡六卷；清朝吴兆宜笺注。陵，东海郯人。梁简文帝为太子时，与其父摛，并在东宫，颇蒙礼遇。后历使魏朝，会齐受魏禅，被留甚久，有《致仆射杨遵彦》等书，词采哀丽。及还，未几，梁亡，遂仕于陈。《陈书》曰："陵少而崇信释教，经论多所精解。后主在东宫，令陵讲《大品经》，义学名僧，自远云集，每讲筵商较，四座莫能与抗。目有青睛，时人以为聪慧之相也。自有陈创业，文檄军书，及禅授诏策，皆陵所制，而'九锡'尤美。为一代文宗，亦不以此矜物，未尝诋诃作者。其于后进之徒，接引无倦。世祖、高宗之世，国家有大手笔，皆陵草之。其文颇变旧体，缉裁巧密，多有新意；每一文出手，好事者已传写成诵，遂被之华夷，家藏其本。后逢丧乱，多散失，存者三十卷。今仅存八十余首，诗四十余首而已。"陵的一生事业，大略如是。

别集类中——唐宋两朝的别集

《王子安集》

《王子安集》，唐王勃撰，凡十六卷。勃，绛州龙门人，与杨炯、卢照邻、骆宾王齐名，号为初唐"四杰"。按《唐书·文苑传》，称其"文集"三十卷。而《杨炯集序》，则谓分为二十卷，具诸篇目。洪迈《容斋随笔》，亦称今存者二十卷，这还是当时的旧本。明朝以来，其"集"已佚，原本遂不可考。世所传的《初唐十二家集》，仅载勃诗赋二卷，阙略殊甚。故皇甫汸作《杨炯集序》，称王诗赋之余，未睹他制。今《四库》中所收之本，乃是明末崇祯时，闽人张燮，搜辑《文苑英华》诸书，编为一十六卷，虽不是唐、宋的旧本，然以视别本，则较为完善得多了。

勃文为"四杰"之冠，儒者颇病其浮艳。而洪迈《容斋随笔》，则说："王勃等四子之文，皆精切有本原；其用'骈俪'作'记序''碑碣'，盖一时体格如此，而后来颇议之。"其言极为平恕。至杜甫诗中，又云："王杨卢骆当时体，轻薄为文哂未休。尔曹身与名俱灭,不废江河万古流!"其曰"身名俱灭",即责"轻薄子";曰"江河万古",乃指"四子"而言,是亦极力推崇"四杰"者。至韩退之《滕王阁记》,有云:"得'三王'所为'序''赋''记',壮其文词。"注曰:"勃作'序'。"又说:"窃喜载名其上,词列'三王'之次,有荣耀焉!"则韩氏之所以推勃,亦为不浅。

《杨盈川集》

《杨盈川集》,唐杨炯撰,凡十卷,又"附录"一卷。炯,华阴人。幼时聪敏博学,善属文。年十一岁,举神童,授校书郎,为崇文馆学士。武后时,左转梓州司法参军。秩满,迁婺州盈川令,卒于官。中宗即位后,以旧僚赠著作郎。炯尝闻时人以"四杰"称之,乃自言曰:"吾愧在卢前,耻居王后!"按杨炯的文章,大都援引经义,排斥游谈,而其词意的瑰丽奇伟,则由于贯穿典籍,不仅仅涉猎浮华,故所造实高于卢、骆了。

按《唐书·文苑传》,称其"文集"本三十卷。晁公武《读书志》,仅著录为二十卷,又曰,今多亡逸,是宋代已非完本了。然其本今亦不传。至清时《四库》所收之本,是明朝万历中龙游人童佩,从诸书内袞集,诠次成编,并以"本传"及赠答之文、评论之语,别为"附录"一卷;而皇甫汸为之"序"。凡"赋"八首,"诗"三十四首,"杂文"三十九首。《文苑英华》,载其《彭城公夫人尔朱氏墓志铭》一首,及《伯母东平郡夫人李氏墓志铭》一首,列庾信文后,明人因误编入《信集》中。今《四库》本收尔朱氏志一篇,而李氏志仍不载,是搜罗尚有所遗了。

又按《旧唐书》本传，最称其《盂兰盆赋》；然杨炯的丽制，不止此一篇，刘昫极力赞美之，殆以为奏御之作，所以特加纪录吧。《旧唐书》传，又载其《驳太常博士苏知几冕服议》一篇，称为炯文之最有根柢者；而《新唐书》本传中，却删之不载，盖犹史籍中"本纪"不载"诏令"之意；然此乃宋祁的偏见，而非一般的定评。又《新唐书》中，并称："炯为政严酷，则非循吏，可以概见"，这是借治绩以抑文艺，未免过甚！而"童佩序"中，乃称："民尸祝其地，至今春秋不辍"，这又因文艺以粉饰治绩，也非公论吧！

《卢升之集》

《卢升之集》，唐卢照邻撰，凡七卷。照邻，范阳人。十岁，从曹宪、王义方授《苍》《雅》。继调邓王府典签，王有书十二车，照邻总披览，略能记忆，王爱重，比之相如。调新都尉，染风疾，去官。居太白山，以服饵为事。又客东龙门山，疾甚，足挛，一手又废。乃去阳翟具茨山下，买园数十亩，疏颍水以周舍；复豫为墓，偃卧其中。复因不堪其苦，便与亲属诀别，自投颍水而死，年四十。尝著《五悲文》以自明云。

按《唐书·文苑传》，称《卢升之集》有二十卷，又《幽忧子》三卷。而晁公武《读书志》，及陈振孙《书录解题》，俱作《卢集》十卷。今《四库》所收之本，仅得七卷，则其散佚者已不少了。又观本集中《穷鱼赋序》，称："尝思报德，故冠之篇首"，那么照邻自编的"文集"，当以是"赋"为第一。而此本则不然，乃列《穷鱼赋》于《秋霖》及《驯鸢》二赋之后。其他若与在朝诸贤之书，亦非完本。由此看来，"《四库》本"乃由后人掇拾而成，并非当时的旧帙了。又按《唐书·文苑传》，称卢氏病废以后，"与洛阳名流朝士，乞药借书，至每人求乞钱二千"，是卢氏生平的贫困，亦可想见。大抵卢氏一生，乃文士中的极坎坷者，故其所作，每多欢寡愁殷，有骚人的遗响，这是遭遇使然的！史又称，王、杨、卢、骆，以文章齐名。杨炯尝说："愧在卢前，耻居王后。"张说则谓："盈川文如悬河，酌之不竭，优于卢而不减王。'耻居后'，信然！'愧在前'，谦也！"今观照邻的文章，似不及王、杨、骆三家的宏放，疑张说之论，很是不错。然所传的篇什，独见缺少，正未可以一斑而窥全豹。至杜甫诗中，都以"江河万古"许之，也好像很难执残编断简以强定低昂的。

《骆丞集》

《骆丞集》，唐骆宾王撰，凡四卷。宾王，义乌人。七岁，能赋诗。初为道王府属，历武功主簿，调长安主簿。善五言诗，曾作《帝京篇》，当时以为绝唱。武后时，数上疏言事，下除临海丞，鞅鞅不得志，弃官去。徐敬业之乱，署宾王为府属；彼为敬业传檄天下，斥武后罪；后读，但嘻笑，至"一抔之土未干，六尺之孤何托？"始瞿然曰："谁为之？"或以宾王对。后曰："宰相安得失此人！"敬业失败后，宾王亡命，不知所之。或曰，入灵隐寺为浮屠云。

按《唐书·文苑传》，有称："中宗时，诏求其文，得数百篇，命郗云卿编次之。"陈振孙《书录解题》，引云卿旧序，称："光宅中，广陵乱，伏诛"，这是依据李孝逸奏捷之语。而孟启《本事诗》，则说："宾王落发，遍游名山。宋之问游灵隐寺，作诗，尝为宾王续'楼观沧海日，门对浙江潮'之句。"似宾王曾披剃入灵隐寺者。然封演《闻见记》中，载之问此诗，是证"月中桂子"之事，并不云出宾王，知当时尚无宾王为僧之说。又朱国桢《涌幢小品》，更载："正德九年，有曹某者，凿甃池于海门城东黄泥口，得古冢，题石曰骆宾王之墓"云云，亦足证"亡命为僧"之不确。大概武后改唐为周，人心共愤，敬业、宾王之败，世颇怜之，故造是语，孟棨不考，因而误载了。

《骆丞集》，据《新》《旧唐书》所载，邹作十卷。《宋史·艺文志》，载有《百道判》三卷，今并散佚。清《四库》本四卷，乃是后人所裒辑；其注，则明给事中颜文选所作，援引疏舛，殆无可取。只以除《文选》之外，别无他家的注本。而其中亦尚有一二可采者，故不妨作参考之用。又据"说部书"，谓骆宾王的文章，好以"数"相对，如："秦地重关一百二，汉家离宫三十六。"时人号为"算博士"。也正似杨炯为文，好以"古人名姓"连开，如："张平子之略谈，陆士衡之所记，潘安仁宜其陋矣！仲长统何足知之？"时人称为"点鬼簿"云。总之，初唐"四杰"之文，王勃以"高华"著，杨炯以"雄厚"称，卢照邻以"清藻"显，骆宾王以"坦易"名，这都是一时的隽才，足以并传而不朽！

《张燕公集》

唐张说撰。说事迹具《唐书》本传。其文章典丽宏赡，当时与苏颋并称。朝廷大述作多出其手，号曰燕许。《唐书·艺文志》载其集三十卷，今所传本止二十五卷。然自宋以后，诸家著录并同，则其五卷之佚久矣。集中《元处士碣铭》称，序为处士子将作少监行冲撰，而《唐书·行冲传》乃不载其为此官。《为留守奏庆山醴泉表》称，万年县令郑国忠状，六月十四日县界霸陵乡有庆山，见醴泉出。而《唐书·武后传》载此事乃作新丰县。皆与史传颇有异同。然说在当时，必无讹误，知《唐书》之疏舛多矣。此书所以贵旧本也。集首《永乐七年伍德记》一篇，称兵燹之后，散佚仅存，录而藏之。至嘉靖间，其子孙始为梓行，而讹舛特甚。又参考本传及《文粹》《文苑英华》诸书，其文不载於集者尚多。今旁加搜辑，於集外得颂一首、箴一首、表十八首、疏二首、状六首、策三首、批答一首、序十一首、启一首、书二首、露布一首、碑四首、墓志九首、行状一首，凡六十一首。皆依类补入。而原集目次错互者，亦诠次更定。仍厘为二十五卷，庶几复成完本焉。

《李太白集》

《李太白集》，唐李白撰，凡三十卷。白，字太白，一字青莲，《旧唐书》称山东人，《新唐书》则作陇西成纪人。其先世，在隋末时，以罪徙西域。神龙初年遁还，客巴西。白之生母梦长庚星入怀，因以命之。十岁，通《诗》《书》。既长，隐岷山，州举有道，不应。苏颋为益州长史，见白异之，曰："是子天才奇特，少益以学，可比相如。"然喜"纵横术"，击剑，为任侠，轻财重施。天宝初南入会稽，与吴筠善，筠被召，故白亦至长安。往见贺知章，知章见其文，叹曰："子，谪仙人也！"言于玄宗，召见金銮殿，论当时事，奏"颂"一篇，帝赐食，亲为调羹。又曾召白为"乐章"，援笔成文，婉丽精切，无留思，帝爱其才，数宴见，后为权贵所沮，恳求还山，帝赐金放还。安禄山反，白为永王璘府僚佐，璘败，当诛，郭子仪请解官以赎，诏长流夜郎。旋赦还，卒于当涂。

按《新唐书·艺文志》，有李白《草堂集》二十卷，李阳冰编。按宋敏求"后序"曰："唐李阳冰序李白《草堂集》十卷，咸平中，乐史别得白'歌诗'十卷，合为《李翰林集》二十卷。"史又云："杂著为'别集'十卷。"然则《草堂集》原本十卷，《唐志》以阳冰所编为二十卷者，殊失之不考。今《草堂集》不传，乐史所编亦罕见。若现行《四库》所藏本，乃宋敏求得王溥及唐魏颢"本"，又裒集《唐类诗》诸编，洎石刻所传，编为一集。曾巩又考其先后而次第之，为三十卷。首卷惟载诸"序""碑记"，二卷以下乃为"诗歌"，有二十三卷；"杂著"六卷，流传很少。考晁氏《读书志》、陈氏《书录解题》，皆题《李翰林集》，而今本则云《太白集》，不知"宋本"所改，还是后人所改，疑莫能明。

《杜工部集》

《杜工部集》，唐杜甫撰。甫，字子美，审言之孙。原本襄阳人，后徙河南巩县。少时，李邕奇其才，先往见之。初应进士不第。天宝末献《三大礼赋》，玄宗奇之。会安禄山乱，未拜官。肃宗时官至右拾遗。后依严武于剑南，历时最久。武卒，往来梓州、夔州间。大历中，出瞿塘，下江陵，沿沅、湘以登衡山，因游耒阳遂卒。《唐书》曰："甫旷放不自检，好论天下大事，高而不切。少与李白齐名，时号'李杜'。尝从白及高适过汴州，酒酣登吹台，慷慨怀古，人莫测也。"

按《杜工部集》，有宋代郭知达"九家集注"三十六卷。盖宋人喜言"杜诗"，而注"杜诗"的，却没有善本。此编，集王洙、宋祁、王安石、黄庭坚、薛梦符、杜田、鲍彪、师尹、赵彦材诸家之注而成，裁别有法，极见简要。又黄氏"补注"三十六卷，为宋代黄希原本，而其子鹤续成之，积三十余年之力，始克成编。其所征引，以王洙、赵次公、师尹、鲍彪、杜修可诸家之说为多。书中凡属"原注"，名称"某曰"；其"补注"，则称"希曰"，或"鹤曰"，以别之。大旨在于按年编诗，故冠以《年谱辨疑》，用为纲领。而诗中各以所作岁月，注于逐篇之下，使读者得以考见其先后出处之大致。不过中间很有强为编排，殊伤穿凿。然因考据精核之处，后来注杜诸家，往往援以为证，故其书久传而不废。此外如明时唐元竑的《杜诗捃》四卷，清时仇兆鳌的《杜诗详注》二十五卷，又"附编"二卷，以及不著编辑人名氏的《集千家注杜诗》二十卷，都可于研究《杜集》时作参考之用。

《元次山集》

《元次山集》，唐元结撰，凡一十有二卷。结，字次山，河南人。少时，放浪不羁。年十七，乃折节向学。后擢天宝十二载进士第，国子司业苏源明荐之。先是源明与杜甫、郑虔相友善，而尤称元结及梁肃；至是，结上《时议》三篇。后官至道州刺史，进容管经略使，卒。结与萧颖士、李华，并世而生，然其诗文，与时相异：盖萧、李之文，始具古文的规模，导韩、柳的先路；但尚不及元结的戛戛自异，有造于韩、柳者更大咧！

按《新唐书》"本传"，谓结所著，有《元子》十卷，李商隐为作序。"文编"十卷，李纾为作序。又《猗玕子》一卷。以上诸作，后世皆不传。今所传的，只有"《四库》本"《次山集》，而其"书名"与"卷数"，都不相合，大概是后人摭拾散帙而编之，已非当时的旧本了。试看洪迈讥他所记"二十国事"，如：方国、圆国、言国、相乳国、无手国、无足国、恶国、忍国、无鼻国、触国之类，其见于《容斋随笔》的，此本中都没有，则其所佚的篇数，实在不少了！

元结的为人，性不谐俗，亦往往迹涉诡激。初居商余山，自称曰季；及逃难猗玕洞，则称猗玕子；又或称浪士，或称聱叟，或称漫叟；为官，或称漫郎，颇近于古之"狂"者。然其制行高洁，而深抱闵时忧国之心；文章更戛戛自异，一变排偶绮丽的旧习。杜甫尝和他的《舂陵行》，称其"可为天地万物吐气"。晁公武则谓其"文如古钟磬，不谐俗耳"。高似孙又谓其'文章奇古，不蹈袭"。大概唐代之文，在韩愈以前，其能毅然自为，不拾前人唾余的，当自元结始，这也可说有"耿介拔俗"之姿了

《独孤毗陵集》

唐独孤及撰。及字至之，洛阳人。官至司封郎中、常州刺史。卒谥曰宪。事迹具《唐书》本传。权德舆作及《谥议》，称其"立言遣词，有古风格。溯波澜而去流宕，得菁华而无枝叶"。皇甫湜《谕业》亦称及"文如危峰绝壁，穿倚霄汉。长松怪石，颠倒岩壑"。王士禛《香祖笔记》则谓其序记尚沿唐习；碑版叙事，稍见情实。《仙掌》《函谷》二铭，《琅邪溪述》，《马退山茅亭记》，《风后八阵图记》是其杰作，《文粹》略已载之。颇不以湜言为然。

考唐自贞观以后，文士皆沿六朝之体。经开元、天宝，诗格大变，而文格犹袭旧规。元结与及始奋起澌除，萧颖士、李华左右之。其后韩、柳继起，唐之古文，遂蔚然极盛。斫雕为朴，数子实居首功。《唐实录》称韩愈学独孤及之文，当必有据。（案此据晁氏《读书志》所引。）特风气初开，明而未融耳。士祯於荜路蓝缕之初，责以制礼作乐之事，是未尚论其世也。集为其门人安定梁肃所编，李舟为之序。凡诗三卷，文十七卷。旧本久湮，明吴宽自内阁钞出，始传於世。其中如《景皇帝配天议》，郭知运、吕諲等《谥议》，皆粹然儒者之言，非徒以词采为胜。不止士祯所举诸篇，至《马退山茅亭记》乃柳宗元作，后人误入及集。士祯一例称之，尤疏於考证矣。又《文苑英华》载有及《贺赦》二表、《代独孤将军让魏州刺史表》《为崔使君让润州表》《代于京兆请停官侍亲表》，《唐文粹》有《招北客文》，凡六篇，集内皆无之。案《贺赦表》所云"诛翦大憝，清复阙廷"及"归过罪己，降去鸿名"，并德宗兴元时事。及没於大历十二年，已不及见。《招北客文》《文苑英华》又以为岑参之作。彼此错互，疑莫能详，今姑依旧本阙载焉。

《韩昌黎集》

《韩昌黎集》，唐韩愈撰，凡四十卷，又"外集"十卷。愈，字退之，先世居昌黎，后徙居邓州之南阳。生三岁而孤，随伯兄会贬官岭表。会死，嫂郑氏鞠养之。愈自知读书，日记数千百言。比长，尽能通《六经》、百家之学。擢进士第，后官至吏部侍郎。每言："文章自汉司马相如、太史公、刘向、扬雄后，作者不世出。"故彼能深探本原，卓然树立，成一家言。其《原道》《原性》等数十篇，皆奥衍宏深，与孟轲、扬雄相表里，而佐佑《六经》云。至于他文，造端置辞，要为不袭蹈前人者，然惟愈为之，沛然若有余，至其徒皇甫湜、李翱等从而效之，便不及远甚。

洪迈《容斋随笔》曰："刘梦得、李习之、皇甫持正、李汉，皆称诵韩公之文，各极其势。刘梦得云：'高山无穷，太华削成。人文无穷，夫子挺生。鸾凤一鸣，蜩螗革音。手持文柄，高视寰海。权衡低昂，瞻我所在。三十余年，声名塞天。'李习之云：'建武以还，文卑质丧，气萎体败，剽剥不让。拨去其华，得其本根，包刘越嬴，并武同殷。《六经》之风，绝而复新。学者有归，大变于文。'皇甫持正云：'先生之作，无圆无方，主是归工。抉经之心，执圣之权。尚友作政，跛邪觚异。以扶孔子，存皇之极。茹古涵今，有无端涯。鲸铿春丽，惊耀天下。栗密窈眇，章妥句适。精能之至，鬼入神出。姬氏以来，一人而已！'李汉云：'诡然而蛟龙翔，蔚然而虎凤跃，铿然而韶钧鸣。日光玉洁，周性孔思。千态万貌，卒泽于道德仁义，炳如也。'"此四人推高韩氏，可谓尽至了！

《皇甫持正集》

唐皇甫湜撰。湜，睦州人，持正其字也。元和元年进士。解褐为陆浑尉，仕至工部郎中。卞急使气，数忤同省，求分司。裴度特爱之，辟为东都判官。其集《唐志》作三卷。晁公武《读书志》作六卷，杂文三十八篇，与今本合。《唐书》本传载湜为度作光福寺碑文，酣饮援笔立就，度赠车马缯采甚厚。湜曰："吾自为《顾况集序》，未尝许人。今碑字三千，一字三缣，何遇我薄耶！"高彦休《唐阙史》亦载是碑，并记其字数甚详。盖实有是作，非史之谬。然此本仅载况集序，而碑文已佚。即《集古》《金石》二录已均不载。此碑殆唐末尚存，故彦休得见。五代兵燹，遂已亡失欤。足证此本为宋人重编，非唐时之旧矣。其文与李翱同出韩愈。翱得愈之醇，而湜得愈之奇崛。其《答李生》三书，盛气攻辨，又甚於愈。然如《编年》《纪传》《论孟子荀子言性论》，亦未尝不持论平允。郑玉《师山遗文》有《与洪君实书》，曰："所假皇甫集，连日细看，大抵不惬人意。其言语叙次，却是著力铺排，往往反伤工巧，终无自然气象。其记文中又多叶韵语，殊非大家数"云云。盖讲学之家，不甚解文章体例，持论往往如斯，亦不足辨也。集中无诗，洪迈《容斋随笔》尝记其《悟溪》一篇，以为风格无可采。陆游跋湜集，则以为自是杰作，迈语为传写之误。今考此诗为论文而作。李白集之《大雅久不作》一篇，苏轼集之《我虽不工书》一篇，即是此格，安可全诋！游之所辨是也。游集又有一跋，谓司空图论诗，有"皇甫祠部文集外所作，亦为迢逸"之语。疑湜亦有诗集。又谓张文昌集无一篇文，李习之集无一篇诗，皆诗文各为集之故。其说则不尽然。三人非默默无闻之流，果别有诗集、文集，岂有自唐以来都不著录者乎！

《李文公集》

唐李翱撰。翱字习之，陇西成纪人。凉武昭王暠之裔也。贞元十四年进士。官至山南东道节度使、检校户部尚书。事迹具《唐书》本传。其集唐《艺文志》作十八卷。赵汸《东山存稿》有《书后》一篇，称《李文公集》十有八卷，百四篇，江浙行省参政赵郡苏公所藏本。与唐志合。陈振孙《书录解题》则云蜀本分二十卷。近时凡有二本。一为明景泰间河东邢让抄本，国朝徐养元刻之，讹舛最甚。此本为毛晋所刊，仍十八卷，或即苏天爵家本欤！考阎若璩《潜邱札记》有《与戴唐器书》曰："特假《旧唐书》参考，李浙东不知何名。或李翱习之全集出，尚可得其人。然老矣，倦於寻访矣"云云。则似尚不以为足本，不知何所据也。翱为韩愈之侄婿，故其学皆出於愈。集中载《答皇甫湜书》，自称高愍女、杨烈妇传不在班固、蔡邕下。其自许稍过。然观《与梁载言书》，论文甚详。至《寄从弟正辞书》，谓人号文章为一艺者，乃时世所好之文。其能到古人者，则仁义之词，恶得以一艺名之。故才与学虽皆逊愈，不能镕铸百氏皆如己出，而立言具有根柢。大抵温厚和平，俯仰中度，不似李观、刘蜕诸人有矜心作意之态。苏舜钦谓其词不逮韩，而理过于柳，诚为笃论。郑獬谓其尚质而少工，则贬之太甚矣。集不知何人所编。观其有《与侯高》第二书，而无第一书，知其去取之间，特为精审。惟集中《皇祖实录》一篇，立名颇为僭越。夫皇祖、皇考，文见《礼经》。至明英宗时，始著为禁令。翱在其前，称之犹有说也。若《实录》之名，则六代以来，已定为帝制。《隋志》所载，班班可稽。唐、宋以来，臣庶无敢称者。翱乃以题其祖之行状，殊为不经。编集者无所刊正，则殊失别裁矣。陈振孙谓集中无诗，独载《戏赠》一篇，拙甚。叶适亦谓其不长於诗，故集中无传。惟《传灯录》载其《赠药山僧》一篇。韩退之《远游》联句记其一联。振孙所谓有一诗者，盖蜀本。适所谓不载诗者，盖即此本。毛晋跋谓迄来钞本，始附《戏赠》一篇，盖未考振孙语也。然《传灯录》一诗，得於郑州石刻。刘攽《中山诗话》云："唐李习之不能诗，郑州掘石刻，有郑州刺史李翱诗云云。此别一李翱，非习之。《唐书》习之传不记为郑州，王深甫编习之集，

乃收此诗，为不可晓。"《苕溪渔隐丛话》所论亦同。惟王楙《野
客丛书》独据僧录叙翱仕履，断其实尝知郑州，诸人未考。考开元
寺僧尝请翱为钟铭，翱答以书曰："翱学圣人之心焉，则不敢逊乎
知圣人之道者也。吾之铭是钟也，吾将明圣人之道焉，则於释氏无
益；吾将顺释氏之教而述焉，则绐乎下之人甚矣。何贵乎吾之先觉
也。"观其书语，岂肯向药山问道者！此石刻亦如韩愈《大颠三
书》，因其素不信佛，而缁徒务欲言其皈依，用彰彼教耳。楙乃以
翱尝为郑州信之，是知其一，不知其二也。至《金山志》载翱五言
律诗一篇，全剿五代孙鲂作。则尤近人所托，不足与辨。叶梦得
《石林诗话》曰："人之才力有限。李翱、皇甫湜皆韩退之高弟，
而二人独不传其诗，不应散亡无一篇者。计或非其所长，故不作
耳。二人以非所长而不作，贤於世之不能而强为之者也。"斯言
允矣。

《白氏长庆集》

《白氏长庆集》，别集名。唐代白居易著。因编集于穆宗长庆年
间，故名。原为七十五卷，现存七十一卷。宋、明均有刻本。1979
年中华书局出版顾学颉《白居易集》点校本。白居易生前就对自己
的诗文进行过几次编集，初名《白氏长庆集》（长庆为穆宗年号），
后改名《白氏文集》，收诗文三千八百余篇，分十五卷，抄写五部，
分藏子弟家，后散乱。今存七十一卷，共收诗文三千六百多篇（羼
入几十篇他人作品）。明马元调重刻本和日本那波道园 1618 年本与
绍兴本基本相同。清初汪立名《白香山诗集》仅收诗。今人顾学颉
以绍兴本为底本，参校各本而成《白居易集》及《外集》，附白氏

传记、白集重要序跋和简要年谱。近人陈寅恪有《元白诗笺证稿》，中华书局 1962 年出版陈友琴编《古典文学研究资料汇编·白居易卷》、日本花房英树《白居易研究》等，都是较重要的研究参考书籍。

白居易的《白氏长庆集》分为前后两集，是他两次编集的。

前集有"古调诗"九卷，"律诗"八卷，后集有"格诗"四卷，"律诗"十一卷。"古调诗"即"格诗"，都是指古体诗。另外有一卷题作"半格诗"，所收的诗，大体上都是古体，但常有对偶句，或者用平仄黏缀的散句。

《白氏长庆集》所收诗，分讽喻、闲适、感伤、杂律四类，共 2800 余首。讽谕诗是白氏诗歌中最精华的部分。其中包括《新乐府》五十首、《秦中吟》十首等代表作。名篇如《观刈麦》《卖炭翁》《杜陵叟》《轻肥》《重赋》《上阳白发人》等。此类诗作大多直赋其事，有的则托物喻言。闲适诗多用于表现闲情逸致，或描写自然景物和田同风光，代表作有《适意》二首、《归田》三首等。

《杜樊川集》

《杜樊川集》，唐杜牧撰，凡"文集"二十卷，"外集"一卷，"别集"一卷。牧，字牧之，京兆万年人。太和二年，擢进士第，官至中书舍人。性刚直，有奇节，不为龌龊小谨。敢论列大事，指陈病利尤切。牧于诗，情致豪迈，人号为小杜，以别于杜甫云。

按《樊川集》，为杜牧甥裴延翰所编。《唐书·艺文志》，作二十卷。晁氏《读书志》，又载"外集"一卷。王士稹《居易录》，谓旧藏《杜隽》，止二十卷。刘克庄《后村诗话》云，樊川有"续别集"三卷，十八九皆许浑诗。牧仕宦不至南海，而"别集"乃有《南海府罢》之作，则"宋本"于"外集"之外，又有"续别集"三卷。今《四库》所收之本，仅附"外集""别集"各一卷，有裴延翰"序"，又有宋熙宁六年田概"序"，较克庄所见的"别集"，尚少二卷；而《南海府罢》之作，也不收入；是则又经后人删定，非克庄所见的旧本了，尝考杜牧的诗，"冶荡"之处，有甚于长庆时的元稹、白居易，然其"风骨"，则实出元、白之上。至其古文，尤纵横奥衍，多切经世之务。《罪言》一篇，宋祁作《新唐书·藩镇传》，实全录之。费衮《梁溪漫志》，载："欧阳修使子棐，读《新唐书》'列传'，卧而听之，至《藩镇传叙》，叹曰：'若皆如此传，笔力亦不可及！'识曲听真，殆非偶尔。"即以"散体"而论，亦远胜元、白。今观其"集"中，有《读韩杜集诗》，又其《冬至日寄小侄阿宜诗》曰："经书刮根本，史书阅兴亡。高摘屈宋艳，浓薰班马香。李杜泛浩浩，韩柳摩苍苍。近者四君子，与古争强梁。"则牧于文章，具有本末，无怪其睥睨"长庆体"了。

《穆参军集》

《穆参军集》，宋穆修撰，凡三卷，又附录"遗事"一卷。修，字伯长，郓州人。咸平中，举进士，得出身。初授泰州司理参军，以忼直，为通判秦应所诬构，贬池州。后再逢恩，徙颍、蔡二州文学掾。明道元年病卒。宋人皆称他为穆参军，是从其初官时之名。修曾受数学于陈抟，《先天图》的窜入"儒家"，自穆修始。其文章，则莫考师承，而欧阳修谓其学古文，在尹洙之前。朱子《名臣言行录》，亦称尹洙学古文于修。大概其人天资高迈，文则沿溯于韩、柳而自得之，卓然自成一家。尝考宋代的古文，实柳开与修为之倡；然开之学，及身而止；修则一传为尹洙，再传为欧阳修，而宋代的文章，于斯极盛，是其功实不小咧！

《欧阳文忠集》

《欧阳文忠集》，宋欧阳修撰，凡一百五十三卷，"附录"五卷。修，字永叔，庐陵人。四岁而孤，母郑氏，守节自誓，亲诲之学；家贫，至以荻画地学书。幼，敏悟过人 读书辄成诵。及冠，嶷然有声。宋兴且百年，而文章体裁，仍犹五代的余习，卑弱不能振，士因陋求旧而已。自柳开，穆修，苏舜元、舜钦辈，都有意作而张之，而力不足。修游随州，得唐韩愈遗稿于废书簏中，读而心慕之；苦心探讨，至忘寝食，必要并辔绝驰，而追与之并。举进士，试南宫第一，擢甲科，调西京推官。始从尹洙游，为古文，议论当世事，迭相师友。与梅尧臣游，为歌诗相倡和，遂以文章名冠天下。晚，自号六一居士。卒，谥文忠。陈同甫好读欧文，择其精者，为《欧阳文粹》，这是专选欧文的创姓者。按《宋史·艺文志》，载修所著有"文集"五十卷，"别集"二十卷，《六一集》七卷，《奏议》十八卷，《内外制集》十一卷，《从谏集》八卷。此诸集之中，只有《居士集》为修晚年所自编，其余都出之后人的裒辑，各自流传。今《四库》所收之本，为周必大所编定，自《居士集》至《书简集》，凡分十种，前有必大所作"序"。其书，以诸本参校同异，见于所纪的，曰《文纂》，曰薛齐谊《编年庆历文粹》，曰《熙宁时文》，曰《文海》，曰《文薮》，曰《京本英辞类藁》，曰《缄启新范》，曰《仕途必用》，曰《京师名贤简启》，皆广为搜讨，一字一句，必加考核。又有两本重见，而删其复出的，其鉴别亦最为详允。至陈亮所编的《欧阳文粹》，其与"原集"中字句异同之处，不可枚举，皆足以资参考，学者不妨与"原集"并读可耳！

《元丰类稿》

《元丰类稿》，宋曾巩撰，凡五十卷。巩，字子固，建昌南丰人。生而警敏，读书数百言，脱口辄诵。年十二，试作《六论》，援笔而成，辞甚伟。甫冠，名闻四方，欧阳修见其文，奇之。巩为文章，上下驰骋，愈出而愈工，本原《六经》，斟酌于司马迁、韩愈，一时工作文词的，鲜能过之。少时，与王安石游，安石声誉未振，巩导之于欧阳修；及安石得志，遂与之异。神宗尝问巩曰："安石何如人？"对曰："安石文学行义，不减扬雄，以吝，故不及。"帝曰："安石轻富贵，何吝也？"曰："臣所谓吝者，谓其勇于有为，吝于改过耳。"其人的生平行事如此。

按《宋史》"本传"，称巩所作《元丰类稿》，本五十卷。韩维撰《巩神道碑》，又载有"续稿"四十卷、"外集"十卷。南渡而后，"续稿""外集"，已散佚不传。开禧中，建昌郡守赵汝砺始得其本于巩之族孙潍。元季兵燹，其本又亡。今所存的，只此《四库》所收的五十卷而已。然若《怀友》一首、《厄台记》一首，与世所传的《书魏郑公传后》，以及诸佚文之见于《宋文鉴》《宋文选》者，当即"外集""续稿"中之文，故悉不见"集"中。又考《四库》所收之本，系纪晓岚氏用长洲顾崧龄所刊者著录，而以何义门《读书记》所点勘的，补正其讹脱，较诸明刻，差为完善。

《朱子语类》称："南丰文字确实。"又说："南丰文却通质。他初亦只是学为文，却因为文，渐见些子道理，故文字依傍道理做，不为空言。只是关键紧要处，也说得宽缓不分明，缘他见处不彻，本无根本工夫，所以如此，但比之东坡，则较质而近理。"又说："南丰《拟制》内有数篇，虽杂之三代诰命中，亦无愧。"又说："南丰作《宜黄》《筠州》二学记好，说得古人教学意出。"考朱子之说，是真深知曾南丰之文字者。

《临川集》

《临川集》，宋王安石撰，凡一百卷。安石，字介甫，抚州临川人。少好读书，一过目，终身不忘。其属文，动笔若飞，初若不经意，既成，见者皆服其精妙。友生曾巩，携以示欧阳修，为之延誉。其释经义，不取先儒传注，务出新意；训释《诗》《书》《周礼》，既成，颁之学官，天下号曰"新义"。又作《字说》，多穿凿附会，其流入于佛老，一时学者，莫敢不传习；主司纯用以取士，士莫得自名一说，于是先儒传注，一切废而不用。今其书，只有《周官新义》尚存，余书不传。——然"经义"之弊，自安石启其端的。

按《宋史·艺文志》，载《王安石集》一百卷。陈振孙《书录解题》，亦同。晁公武《读书志》，则作一百三十卷。焦竑《国史经籍志》，亦作一百卷，而别出"后集"八十卷。都与《宋志》参错不合。今世所行的《四库》本，实止有一百卷，乃绍兴十年，郡守桐庐詹大和校定重刻，而豫章黄次山为之"序"。其书，虽遗篇逸句，未经搜集者尚多；而此百卷之内，菁华具在，其波澜法度，实足自传不朽。朱子《楚辞后语》，谓："安石致位宰相，流毒四海；而其言，与生平行事心术，略无毫发肖，夫子所以有'于予改是'之叹！"这真千古的定评了！

曾巩与王安石，早相友善。巩出于欧公之门，而安石亦为欧公推挽。当时方盛为古文，巩登嘉禧二年进士，安石登庆历二年进士。然二人性行不同：巩学术醇正，以孝友闻；安石有才略，该通政治文学，强愎执拗，自用太甚。故巩为文章，典雅有余，精彩不足；安石之文，则纯洁雄伟，精悍之气，溢于言表。后人或以巩之文非韩、柳、欧、苏之伦，其所以入"八家"之选，岂非以其学术的醇正么？安石之文，优于欧、苏，颉颃韩、柳，而列之"八家"，或以为谦，岂非以其资性执拗，为后之学者所厌恶么？至朱子极好巩文，吕祖谦《古文关键》，遂独取韩、柳、欧、苏、曾七家，而不取安石，这都是各从其所好罢了。

《嘉祐集》

《嘉祐集》，宋苏洵撰，凡十六卷，又"附录"二卷。洵，字明允，蜀郡眉山人。年二十七岁，始发愤为学。岁余，往应试，不第。归，尽焚旧所作文，闭户读书，遂通《六经》、百家之说。既而与二子轼、辙至京师，谒翰林学士欧阳修，上《权书》《衡论》二十二篇，欧公以为贾谊、刘向不能过也，一时士大夫争相传诵。盖其所著二十二篇，霸气郁勃，而波澜万重，精彩夺目，犹如神龙之将跃，忽晦忽明，其变幻非人所能测，"苏文"由是知名。荐除校书郎，编《礼书》，书方成而卒。洵父子三人，都有文名，后人或称洵为老苏，轼为大苏，辙为小苏云。

考曾巩作洵"墓志"，称其有集二十卷。晁公武《读书志》、陈振孙《书录解题》，俱作十五卷。是则此"集"在宋时，已有两本了。今《四库》所收之本，为徐乾学家所藏，作十六卷。又有康熙间苏州邵仁泓所刊本，亦作十六卷，均与宋人所记不同。"徐氏本"名《嘉祐新集》，"邵氏本"则名《老泉先生集》，名称互异，不知其何故。又有"附录"二卷，为奉议郎充婺州学教授沈斐所辑。

按"三苏"虽经欧阳公的识拔，而其文章豪放，与欧阳体制不同。子瞻，于三人中尤为绝伦。若老苏所作之文，则放而能收，散而能敛，一击一刺之间，皆有法度。只以议论乖角不免有战国策士之习耳。然其下笔千言，顷刻而成，亦天才俊然的。"三苏"初至京师，缙绅大夫无不倾倒，独王介甫讥为策士之文，而明允亦以其不近人情，作《辨奸论》以贬之。要之蜀地僻远，在宋之初，文雅未盛，而洵独教其二子成名，文章学术，自成一家，也可谓豪杰之士了！

《东坡全集》

《东坡全集》，宋苏轼撰，凡一百十五卷。轼，字子瞻。生十年，父洵游学四方，母程氏，亲授以书，闻古今成败，辄能语其要。比冠，博通经史，属文，日数千言。好贾谊、陆贽书；既而读《庄子》，叹曰："吾昔有见，口未能言，今见是书，得吾心矣！"嘉祐二年，试礼部，方时文"磔裂诡异"之弊胜，主司欧阳修，思有以救之；得轼《刑赏忠厚论》，惊异，欲擢冠多士，犹疑其客曾巩所为，但置第二；复以《春秋对义》居第一，殿试，中乙科。后以书见修，修语梅圣俞曰："吾当避此人，出一头地！"闻者始哗不厌，久乃信服。

按苏辙为其兄轼作"墓志"，称轼所著，有《东坡集》四十卷，"后集"二十卷，"奏议"十五卷，"内制"十卷，"外制"三卷，《和陶诗》四卷。晁公武《读书志》、陈振孙《书录解题》，所载并同，而别增《应诏集》十卷，合为一编，即世称为《东坡七集》者是。《宋史·艺文志》，则载"前后集"七十卷，卷数与"墓志"不合；而又别出《奏议补遗》三卷，《南征集》一卷，"词"一卷，《南省说书》一卷，"别集"四十六卷，《黄州集》二卷，《续集》二卷，《北归集》六卷，《儋耳手泽》一卷，名目十分繁碎，大概《轼集》在宋世，原不止一本的。今《四库》所收之本，乃清代蔡士英所刊；盖据旧刻重订，世所通行，故用以著录。

子瞻平生，笃孝友，轻财好施，勇于为义。自为举子，至出入侍从，必以爱君为本，忠规说论，挺挺大节，以是为小人所忌，不得久居于朝。然其为文，如行云流水，初无定质，但常行于所当行，止于所不可不止，虽嬉笑怒骂之辞，皆可书而诵之。其体，浑涵光芒，雄视百代，自有文章以来，盖亦少见了！轼尝谓刘景文曰："某平生无快意事，惟作文章，意之所到，则笔力曲折，无不尽意，自谓世间乐事，无逾此者。"其"诗"，则大放厥词，别开生面，成一代的大观；于韩退之后，另辟一种境界。其"词"，则如关西大汉，持铁板铜琶，唱《大江东去》。轼可谓多才多艺之人了！

《栾城集》

《栾城集》，宋苏辙撰，凡五十卷，又"后集"二十四卷，"三集"十卷，《应诏集》十二卷。辙，字子由，号颍滨，洵之子，而轼之弟。性沉静简洁，气度安详。为文汪洋淡泊，似其为人，而秀杰之气，绝不可掩，其高卓处，殆与兄轼相迳。至于一生的进退出处，亦无异于乃兄。著作甚多，晚年，敛才就法，更为超绝；特亦狃予家学，不免有纵横气习耳。所著有《诗传》《春秋传》《古史》《老子解》《栾城文集》等。而《栾城文集》，尤盛传于世，列为唐宋古文八大家之一云。

按晁公武《读书志》，陈振孙《书录解题》，载栾城诸"集"卷目，并与今所行之本相同。只有《宋史·艺文志》，称《栾城集》八十四卷、《应诏集》十卷、《策论》十卷、《均阳杂著》一卷；焦弦《国史经籍志》，则又于《栾城集》外，别出《黄门集》七十卷，此二书所载，均与晁、陈二家所纪不合。今考《栾城集》，及"后集"、"三集"，共得八十四卷。《宋志》大概是统举言之，《策论》当即是《应诏集》，而误以十二卷为十卷，又复出其目；惟《均阳杂著》，未见其书，或后人掇拾遗文，别为编次，而今已亡佚了！至竑所载的《黄门集》，宋以来悉不著录，疑即《栾城集》的别名，竑不知而重载的。《宋志》荒谬，焦《志》尤多舛驳，都不足据。要当以晁、陈二氏，见闻最近的为准。

《朱晦庵集》

《朱晦庵集》，宋朱熹撰，凡百卷，又"续集"五卷，"别集"七卷。熹，字晦庵，婺源人。其事迹，详见《宋史·道学传》。考自唐以来，言古文的，虽渐去华就朴，为文必本经术，然仅有时因文见道而已。盖以文为主，以道为客，往往杂以诙嘲靡曼之词，文体未能一出于正。及"道学派"出，然后竭力以求道体的所在，而不屑于为文，以为徒雕琢其辞，亦未乎云尔！或者以文体至是始敝，其流为"语录""讲章"，益不足以云文，只有周、张、程、朱为之，其说理精粹，犹有从容闲暇之象，又岂文士之所能及呢？然"道学派"的文体，至朱子而愈纯，故今独论朱子。

按陈振孙《书录解题》，载《晦庵集》一百卷、《紫阳年谱》三卷，而不说其"集"为谁所编，亦不载"续集"。明黄仲昭"跋"，称《晦庵朱先生文集》一百卷，有浙、闽二刻本："浙本"，不知辑自何人；"闽本"则朱先生季子在所编。又有"续集"若干卷，"别集"若干卷，亦并刻之。今《四库》所收之本，为清康熙时蔡方炳、臧眉锡所刊，臧为之序，而蔡为之书后，题曰：《朱子大全集》，不知其名之所始。考黄仲昭跋，及嘉靖时潘潢跋，皆称《晦庵先生集》，而方炳跋，乃称朱子故有《大全文集》云云，则其名殆起于明中叶以后罢？惟是潢跋称"文集"百卷、"续集"五卷、"别集"七卷，悉与今本相合，故今本亦仍分标，以存其旧云。

朱子文体醇雅，并深于古诗。其诗大体效法汉魏，至字字句句，平侧高下，亦相依仿；而命意托兴，则得之于"三百篇"者居多。观他所著的《诗传》，简当精密，殆无遗憾，亦可见了。至其

"感兴"之作，大抵以"经史"的事理，播之于吟咏，又岂可与后世诗家者相提并论呢！又曾谓："古今之世，凡有三变：盖自《书传》所记，虞夏以来及汉魏，自为一等；自晋、宋间颜、谢以下及唐初，自为一等；自沈、宋以后，定著'律诗'，下及今日，又为一等。然自唐初以前，其为诗者固有高下，而法犹未变；至'律诗'出，而后诗之与法，始皆大变；以至今日，益巧益密，而无古人之风矣！"是其论诗，亦极有卓识的。

《黄山谷集》

《黄山谷集》，宋黄庭坚撰，凡"山谷内集"三十卷，"外集"十四卷，"别集"二十卷，"词"一卷，"简尺"二卷，"年谱"三卷。庭坚，字鲁直，洪州分宁人。举进士，调叶县尉。熙宁初，举四京学官；第文为优，教授北京国子监；留守文彦博以为才，留再仕。苏轼尝见其诗文，以为超轶绝尘，独立万世之表，世久无此作，由是声名始震。庭坚学问文章，天成性得，陈师道谓其诗，得法杜甫，学甫而不为者。善行草书，楷法亦自成一家。

黄庭坚的诗，实开"江西诗派"的先路。自陈师道以下，皆师法之。按宋代的诗，自欧阳修、梅圣俞崛起，始变"西昆体"之习。及苏轼出，以旷世奇才，包韩、白之雄豪，总张、姚之格律，又以逸气高情，驱驾万象，故为宋诗人的魁首。苏门有六君子，世只以庭坚的诗与轼相配，号曰"苏黄"。今观黄诗的气味风格，多渊源子瞻殆不可掩。论者或以为苏长于文，黄长于诗，大非知言。而苏、黄之诗又未易分其优劣，盖二人的才气虽各有短长，体格究未相远咧。

《剑南诗稿》——《渭南文集》

《剑南诗稿》八十五卷，《渭南文集》五十卷，都是宋陆游撰。游，字务观，号放翁，山阴人，宋诗人陆佃之孙。佃之学问，出于王安石。著有《陶山集》。方回称他的诗格，与胡宿相似；盖尤长于七言近体云。今陆游的诗，亦惟七言律最佳，岂其渊源于家学么？按宋自南渡以后，著名的诗人，有陆游、尤袤、范大成、杨万里，号称四大家；而游得名尤盛。此四人的诗，都得其法于曾几；几为诗，又效法于黄庭坚；故四家者，亦"江西诗派"之变体而已。

《剑南诗稿》，按其末，有游之子虞"跋"，称："游西溯焚道乐其风土，有终焉之志，宿留殆十载。戊戌春正月，孝宗念其久外，趣召东下，然心未尝一日忘蜀也；是以题其平生所为诗卷曰《剑南诗稿》，盖不独谓蜀道所赋诗也。"又称戊申、己酉后诗，游自大蓬谢事，归山阴故庐，命子虞编次为四十卷，复题其签，曰《剑南诗续稿》。自此捐馆舍，通前稿，为"诗"八十五卷。子虞，假守九江，刊之郡斋，通名曰《剑南诗稿》。

《渭南文集》，按陆游晚年，封渭南伯，故以名其"文集"。陈振孙《书录解题》，作三十卷。今《四库》所收之本：凡"表臆"二卷，"札子"二卷，"奏状"一卷，"启"七卷，"书"一卷，"序"二卷，"碑"一卷，"记"五卷，"杂文"十卷，"墓志""墓表""圹记""塔铭"九卷，"祭文""哀辞"二卷，《天彭牡丹谱》《致语》共为一卷，《入蜀记》六卷，"词"二卷，共五十卷。与陈氏所载不同，疑"三"字与"五"字，笔墨相近而讹刻的。

别集类下——元明清三朝的别集

《牧庵文集》

《牧庵文集》，元姚燧撰，凡三十六卷。燧，字端甫，号牧庵，平州柳城人。生三岁而孤，其父枢，谓燧蒙暗，教督之过急，燧木能堪。杨奂为言，燧令器，长自有成，何急为！年十八，始受学。时未尝为文，视流辈所作，惟见其不如古人　心弗是之。二十四，始读退之文，试习之，有作者气。至元时，为秦王府文学。再迁翰林学士，改大司农丞。寻拜太子少傅，辞不受，改翰林学士承旨。逾年，得告南归，卒。

按《文渊阁书目》，有《牧庵集》二十册，而诸家著录，都未之及。刘昌辑《中州文表》，所选燧"诗"，较《元文类》仅多数首，而"文"则无出《文类》之外的。又黄宗羲序《天一阁书目》云："尝闻胡震亨家有《牧庵巷集》，后求之不得。"大概其集已久佚了。只有《永乐大典》中，所收颇夥，较以刘时中"年谱"所载，"文目"虽少十之二三，而较之《文类》所选，则多十之六七；"诗词"又多出诸家选本之外。今《四库》中，将它排比编次，分为三十六卷，以存其梗概。

姚燧虽曾受学于许衡之门，而文章，则过衡远甚。张养浩作《牧庵集序》，称其："才驱气驾，纵横开合，纪律惟意，如古劲将军，率市人战，鼓行六合，无敌不北。"而柳贯作《燧谥议》，亦称其："'典册'之雅奥，'诏令'之深醇，抉去浮靡，一返古辙；而'铭''志''箴''颂'，雄伟光洁，家传人诵，莫得而掩。"观上二家之言，虽不免有同时推奖之词，而其文品，则亦可概见了！故当时有欲阐扬先德者，必求燧文，多以不得为愧，其见重于时人又如此。

《道园学古录》

《道园学古录》50卷，虞集（1272—1348）撰。虞集"平生为文万篇"，然而稿存者仅十之二三，传世凡五种。即《道园学古录》五十卷、《道园类稿》五十卷、《道园遗稿》六卷、《翰林珠玉》六卷、《伯生诗续编》三卷。元代皆有刊本。《道园学古录》是至正元年（1341）由虞集的幼子翁归及门人李本等人搜集整理，由他自己亲自审订类目编定而成并交付福建廉访副使斡玉伦徒刊刻的，书名亦为其亲题。是集分在朝稿二十卷、应制录六卷、归田稿二八卷、方外稿六卷，共计五十卷。

《道园学古录》是研究元代中后期政治、经济、文化史的一部重要的元人文集。集中保存着大量有价值的碑、铭、墓志、行状、传、记、序、题跋、制诏等史料，内容丰富，为史学工作者所借重。如对于仁宗朝奸臣铁木迭儿之专权跋扈，虞集在贺胜、杨朵儿只、张珪等三人的神道碑、墓志铭中所记甚详。他以当时人记当时事，屡赞三人刚直不阿，对研究仁宗、英宗二朝的政治有重要的史料价值。其序、跋部分也是研究宋元文学、艺术、理学的重要材料。此外，《道园学古录》中还保存着许多有关南方道教的资料。虞集家居江西，深受当时龙虎山道和建康（今南京）茅山道的影响，并与玄教宗师吴全节等道士有着密切的交往，还为他们撰写了诸多碑板记事之文，多见于方外稿中。台湾学者孙克宽在《元代文化之活动》一文中提到《道园学古录》的价值时这样说："《道园学古录》全集的价值，仍在传志碑铭、序跋之文。尤其是方外稿的全部文章，皆是元代道教史的宝贵资料"。陈垣先生在他的《南宋初河北新道教考》一书中，以《道园学古录》中的《岳德文碑》与吴澄所撰的《天宝宫碑》相佐证，考订了宋元之际大道教派产生和发展的状况。再有，虞集在《道园学古录》中对元代典章制度也有别具特色的注释，对研究元代政治制度有重要价值。

《文安集》

《文安集》，元揭傒斯撰，凡十四卷。傒斯，字曼硕，江西富州人。幼贫，读书甚刻励，由是贯通百氏，早有文名。延祐初，荐授国史院编修官。时平章李孟，监修国史，读所撰《功臣传》，叹曰："是方可名史笔，他人直誊吏牍耳！"转应奉翰林文字，仍兼编修，迁国子助教，复留为应奉。前后三入翰林，台阁典章，靡不谙练。天历初，开奎章阁，首擢授经郎，教勋戚大臣子弟。文宗时，每奏用儒臣，必问曰："其才何如揭曼硕？"一日，出傒斯所上《太平政要策》，示台臣曰："此朕授经郎揭曼硕所进也！"与修《经世大典》，累官翰林侍讲学士。又总修辽、金、宋三"史"，卒于官。

按顾嗣立《元诗选》，载傒斯"诗"，题曰《秋宜集》，今不见于世。焦竑《国史经籍志》，载《傒斯集》一卷，今亦未见。至《四库》所收之本，凡"诗"四卷，又"续集"二卷，"制""表""书""序""记""碑志""杂文"八卷，乃是他的门人锡喇布哈所编。其中搜辑，虽不足以尽偀斯的著作，然师弟相传，得诸亲授，终较他本为善。观《元诗选》所载《秋宜集》中，《晓出顺承门有怀太虚绝句》曰："步出城南门，遥望江南路。前日风雪中，古人从此去。"是乃割裂汉"乐府"半首，为偀斯之诗，而"集"中录之，则所收亦必不甚精的。

揭偀斯的文章，叙事严整，语简而当。独于诗，则清丽婉转，别饶风韵，与其文如出二手；然神骨秀削，寄托自深，要非嫣红姹紫，徒矜姿媚者，所可比的。虞集尝目其诗，如"三日新妇"，而自目所作，如"汉庭老吏"。偀斯颇不平，故作《忆昨诗》，有"学士诗成每自夸"之句。集见之，答以诗曰："故人不肯宿山家，夜半驱车踏月华。寄语旁人休大笑，诗成端的向谁夸？"且题其后曰："今日新妇老矣！"是二人虽契好最深，而"甲""乙"间乃两不相下。杨维桢《竹枝词序》，有曰："揭曼硕文章，居集之次，如欧之有苏、曾。"这两句话，也许是定论罢！

《宋学士全集》

《宋学士全集》，明宋濂撰，凡三十六卷。濂，字景濂，金华人。按宋濂所著之文，有《潜溪集》，及《潜溪后集》，在元季已行世。洪武以后之作，刘基选定为《文粹》十卷；门人方孝孺，又选《续文粹》十卷。今《四库》所收的《宋学士全集》，大概是合诸书而辑成的。又有《宋景濂未刻集》，凡二卷。此本，乃清代顺治时，濂的裔孙实颖，得文徵明家所藏旧稿，以示金坛蒋超，超择其中今本未载者，得三十八篇，编为此"集"，以补其遗。惟若跋何道夫所著《宣抚郑公墓铭》等十一篇，皆今《学士集》中所已载，超盖检之未审；其余二十七篇，则实属佚文。推究当日之意：或以元代功臣诸"颂"，及"志"、"铭"诸篇，大抵作于前朝，至明不免有所讳；或以尊崇二氏，不免过当，嫌于耽溺异学而隐之耳。

又考《明史》濂"本传"，称其："自少至老，未尝一日去书卷，于学无所不通。为文醇深演迤，与古作者并。在朝，郊社宗庙山川百神之典，朝会燕飨律历衣冠之制，四裔贡赋赏劳之仪，旁及元勋巨卿碑记刻石之词，咸以委濂，为开国文臣之首。士大夫造文者，后先相踵。外国贡使，亦知其名，高丽、安南、日本，至出千金购其文集"云。是明初文学，宋濂最为魁杰了！至濂之诗，亦与刘基并称，但不及基的"豪纵"，更不及高启的"情词并茂"咧。

《诚意伯文集》

明刘基撰。基有《国初礼贤录》，已著录。其诗文杂著凡《郁离子》四卷、《覆瓿集》十卷、《写情集》二卷、《春秋明经》二卷、《犁眉公集》二卷，本各自为书。成化中，巡按浙江御史戴鲨等始合为一帙，而冠以基孙廌等所撰《翊运录》。盖以中载诏旨制敕，故列之卷首。然其书究属廌编，用以编入卷数，使此集标基之名，而开卷乃他人之书，殊乖体例。今移缀是录於末简，以正其讹。馀十九卷则悉仍戴本之原次，以存其旧。基遭逢兴运，参预帷幄，秘计深谋，多所裨赞。世遂谬谓为前知，凡谶纬术数之说，一切附会於基，神怪谬妄，无所不至。方技家递相荧惑，百无一真。惟此一集，尚真出基手。其诗沈郁顿挫，自成一家，足与高启相抗。其文闳深肃括，亦宋濂、王袆之亚。《杨守陈序》谓"子房之策不见词章，玄龄之文仅办符檄，未见树开国之勋业，而兼传世之文章，可谓千古人豪"。斯言允矣。大抵其学问智略如耶律楚材、刘秉忠，而文章则非二人所及也。

《逊志斋集》

《逊志斋集》，明方孝孺撰，凡二十四卷。孝孺，字希直，一字希吉，号正学。从学于宋濂；其文章，凡宋濂的门人，无出其右者。初，太祖召见孝孺，喜其举止端庄，顾太子曰："彼庄士也！我当遣斯人辅汝！"遂谕孝孺还乡。建文帝即位，征为翰林学士，又进侍讲。燕王举兵南下，有僧人道衍嘱之曰："至京师，必勿杀方孝孺！杀孝孺，天下读书种子绝矣！"然孝孺卒以守节不屈，被戮，年四十有六。著《逊志斋集》。其文雄健豪放，然得力于濂者居多云。

按孝孺所著的《逊志斋集》：凡"杂著"八卷，"书"三卷，"序"三卷，"记"三卷，"题跋"一卷，"赞"一卷，"祭文""诔""哀辞"一卷，"行状""传"一卷，"碑""表""志"一卷，"古体诗"一卷，"近体诗"一卷。据史籍所称，孝孺殉节后，文禁极严，其门人王稔，藏其遗稿。到了宣德以后，始稍稍传播于世，故其中阙文脱简很多。原本凡有三十卷，又"拾遗"十卷，乃后人黄孔昭和谢铎所编的。今所行之本，把它并为二十四卷，那是正德中顾璘守台州时所重刊的。虽其中间杂他人之诗，要仍不失为善本。

孝孺学术醇正，而文章乃纵横豪放，颇出入于东坡、龙川之间。盖其志在驾轶汉、唐，锐复三代，故其毅然自命之气，发扬蹈厉，时流露于文字中。郑瑗《井观琐言》，称其'："志高气锐，而词锋浩然，足以发之。"又说："燕王篡立之初，齐、黄诸人，为所切齿，即委蛇求活，亦势不能存。若孝孺，则深欲藉其声名，俾草诏以欺天下。使稍稍迁就，未必不接迹三杨。而致命成仁，遂湛十族而不悔，语其气节，可谓贯金石、动天地矣！"文以人重，则斯"集"固悬诸日月，不可磨灭之书了！

《空同集》

《空同集》，明李梦阳撰，凡六十六卷。梦阳，字天赐，更字献吉，庆阳人，徙扶沟。弘治癸丑进士。授户部主事，转员外郎。应诏陈言，弹寿宁侯张鹤龄，系锦衣狱。旋释之，进郎中，代尚书。韩文草奏劾刘瑾，坐奸党致仕。有《空同集》。梦阳才思雄骜，与何景明等，以复古自命，皆卑视一世，而梦珇尤甚。吴人黄省曾、越人周祚，千里致书，愿为弟子。迨嘉靖朝，李攀龙、王世贞出，复奉以为宗。天下推李、何、王、李为四大家，无不争效其体。华州王维桢，以为"七言律"自杜甫以后，善用顿挫倒插之法，惟梦阳一人而已，其言信然！

按李梦阳著有《空同子》一书，《四库》中将它列入"子部"。此《空同集》六十六卷，纯为诗文杂著，故列入"集部"。梦阳当明代中叶，倡言复古，使天下毋读唐以后书，持论甚高，足以竦当代之耳目。故学者翕然从之，文体一变。厥后摹拟剽贼，日就窠臼，论者追原本始，归狱梦阳，其受诟厉亦最深。考明自洪武以来，运当开国，多昌明博大之音。成化以后，安享太平，多台阁雍容之作。愈久愈弊，陈陈相因，遂至啴缓冗沓，千篇一律。梦阳振起痿痹，使天下复知有古书，不可谓之无功。而盛气矜心，矫枉过直，亦有瑕瑜不相掩者。

《震川文集》

《震川文集》，明归有光撰，凡三十卷，又"别集"十卷。有光，字熙甫，昆山人。少时，师事同邑魏校。应嘉靖十九年进士，不第。退居安亭江上，讲学著文，凡二十余年，学者称曰震川先生。嘉靖四十四年始成进士，年已六十了。授长兴知县，甚有治绩。隆庆五年卒，年六十六。有光为古文，虽视王慎中、唐顺之二人稍晚，而趣尚略同。其文原本《六经》，酝酿深浑，皆粹然有道之言。当时与王、唐并称为"嘉靖三大家"。平生尤好太史公书，颇能得"神理"云。

按归有光著有《易经渊旨》，《四库》中已将它著录于"经部"。此"文集"一书，为其曾孙归庄所编订，首"经解"，终"祭文"，凡二十有四体。至"别集"，则首"论策"，终"古今体诗"，凡十有一体。又按，《震川文集》，旧本有二：一为其族弟道传所刻，凡二十卷，称为"常熟本"；一为其子子祜、子宁所刻，凡三十二卷，称为"昆山本"。两本去取，多所不同。归庄以家藏钞本，互相校勘，又补入未刻之文，始纂为"全集"，刻于清朝康熙年间。前面有王崇简、徐乾学二"序"，庄又自作"凡例"，极言旧刻本的讹舛，诋斥不遗余力。然考汪尧峰《与归庄书》二篇，又反复论其改窜之非，则庄辑亦未为尽善。只以旧本诸多漏略，故觉此本差为完备耳。

《弇州山人四部稿》

《弇州山人四部稿》，明王世贞撰，凡一百七十四卷，又"续稿"二百七卷。世贞，字元美，太仓人。自号凤洲，亦称弇州山人。嘉靖二十六年进士，自刑部主事，迁员外郎郎中。尝疏辩杨继盛之冤，为严嵩所忌，出为青州后备副使。嵩被诛，历任太仆寺卿、兵部右侍郎、刑部尚书。万历十八年卒，年六十五。世贞始与李攀龙狎，主文柄；及攀龙殁，独操其柄二十年。才最高，地望最显，声华意气，笼盖海内。举天下士大夫以及山人词客、衲子羽流，莫不奔走门下，片言褒赏，声价骤起。自古文士享隆名，主风雅，领袖人伦，未有若世贞之盛的！

按王世贞所著，原有《弇山堂集》。此书乃彼所著别集，其曰"四部"者，因其中分"赋部""诗部""文部""说部"之故。正稿"说部"，凡七种：曰《札记内篇》，曰《札记外篇》，曰《左逸》，曰《短长》，曰《艺苑卮言》，曰《卮言附录》，曰《宛委余篇》，都是世贞为郧阳巡抚时所自刊。续稿只有"赋部""诗部""文部"，而无"说部"，那是世贞致仕以后，手裒晚年之作，以授其少子士骏的；至崇祯中，其孙始刊之行世。考自古著述文集之富，未有过于王世贞的了！

王世贞的文章，摹秦仿汉，与七子——李攀龙、徐中行、宗臣、吴国伦、梁有誉、谢榛与王世贞，时人称为七子——门径相同。而博综典籍，谙习掌故，则为其余六子所不及。惟其早年自命太高，求名太急，虚骄恃气，持论遂至一偏。又负其渊博，或不暇检点，贻议者口实。故其盛时推尊之者遍天下，及其衰时攻击之者亦遍天下。平心而论，世贞才学富赡，规模终大，譬如五都列肆，百货具陈，真伪骈罗，良楛淆杂，而名材环宝，亦未尝不杂错其中的。

《望溪集》

《望溪集》，清方苞撰，凡八卷。苞，字灵皋，皖之桐城人，后移居江宁。迨名世以《南山集》下狱死，而望溪名日高。先是望溪游京师，鄞县万斯同奇之，告之曰："勿读无益之书！勿为无益之文！"苞终身诵之，以为名言，遂一心穷经。《通志堂九经》，徐氏所雕，阅之三遍，为文益峻洁，姜宸英编修，见所作，叹曰："后来之秀也！"望溪生于康熙七年，举康熙四十五年进士，六十一年，充武英殿总裁，至乾隆十四年，年八十二，始卒。

按方苞所作，有《周官集注》，《四库》中已著录于"经部"。其古文杂著，生平不自收拾，故稿多散失。告归而后，门人弟子，始为之裒集成编。此《望溪集》八卷，大抵随得随刊，因此排列前后，颇不以年月为诠次的。望溪于"经学"，研究较深，故"集"中"说经"之文最多，大概指事类情，有所阐发。其古文，则以"法度"为主，尝说："周、秦以前，文之义法，无一不备；唐、宋以后，步趋绳尺，而犹不能无过差。"是以所作，上规《史》《汉》，下仿韩、欧，不肯少轶于规矩之外。虽大体雅洁，而变化太少，终不能绝去町畦，自辟门户。然其所论古人矩度，与为文之道，颇能沉潜反复，而得其意之所以然。

又考望溪之文，虽蹊径未除，而源流极正，近时为唐宋八大家之文的，都以望溪为不失旧轨。望溪初至京师，见时辈言古文的，多称钱牧斋。尝私语汪武曹、何屺瞻曰："牧斋文，秽恶藏于骨髓，一如其人；有或效之，终不可涤濯！"武曹辈起初颇以为讶，既乃服其非过言。要之，自清初侯方域、魏禧、汪琬、姜宸英等诸人，一矫明末的遗风，振唐顺之、归有光的余绪，于是士多好尚古文。及方苞出，以同邑刘大櫆，有韩、欧之才，遂传其学于刘氏；刘氏又传之姚鼐，故当时有"天下文章，尽在桐城"之语。后人称之为"桐城派"，终清之世不绝。

集　类

《昭明文选》

《昭明文选》是中国现存编选最早的诗文总集，它选录了先秦至南朝梁代八九百年间、一百多个作者、七百余篇各种体裁的文学作品。因是梁代昭明太子萧统（501—531）主持编选的，故称《昭明文选》。萧统，字德施，南兰陵（今江苏常州西北）人，是梁武帝萧衍的长子，是个很渊博的学者。著作多散佚，后人辑有《昭明太子集》。其主持的《昭明文选》，主要收录诗文辞赋，除了少数赞、论、序、述被认为是文学作品外，一般不收经、史、子等学术著作。选的标准是"事出于沉思，义归乎翰藻"，即情义与辞采内外并茂，偏于一面则不收。萧统有意识地把文学作品同学术著作、疏奏应用之文区别开来，反映了当时对文学的特征和范围的认识日趋明确。后世注本主要有两种：一是唐显庆年间李善注本，改分原书三十卷为六十卷；一是唐开元六年（718）吕延祚进表呈上的五臣（吕延济、刘良、张铣、吕向、李周翰）注本。近代以来有《四部丛刊》本、《四部备要》本及中华书局以胡刻本断句，于1977年出版的影印本。

《玉台新咏》

它是继《诗经》《楚辞》之后中国古代的第三部诗歌总集。收录作品上至西汉、下迄南朝梁代的诗歌总集。历来认为是南朝徐陵在梁中叶时所编。收诗七百六十九篇，计有五言诗八卷，歌行一卷，五言四句诗一卷，共为十卷。除第九卷中的《越人歌》相传作於春秋战国之间外，其馀都是自汉迄梁的作品。《玉台新咏》在流传过程中，曾经一些人窜乱，所以有人怀疑此书非徐陵所编，而出于稍后的人之手。但此说尚不足以成为定论。

据徐陵《玉台新咏序》说，本书编纂的宗旨是"选录艳歌"，即主要收男女闺情之作。从内容的广泛性看，它不如成书略早的《文选》。但它和"以文为本"作为收录标准的《文选》比较，也有独自的特色。如它不如《文选》那样选录歌功颂德的庙堂诗。入选各篇，皆取语言明白，而弃深奥典重者，所录汉时童谣歌，晋惠帝时童谣等，都属这一类。又比较重视民间文学，如中国古代长篇叙事诗《孔雀东南飞》就首见此书。它重视南朝时兴起的五言四句的短歌句，收录达一卷之多，对於唐代五言绝句这一诗体的发展有一定推动作用。它不如《文选》那样不录在世人物之作，选录了梁中叶以后不少诗人的作品。这些诗作比"永明体"更讲究声律和对仗，可以较清楚地看出"近体诗"的成熟过程。书中收录了沈约《八咏》一类杂言诗，也可以据此了解南朝末年诗和赋的融合以及隋唐歌行体的形成。《玉台新咏》所选诗篇又有可资考证、补阙佚的，如所收曹植的《弃妇诗》，庾信的《七夕诗》，为他们的集子所阙如，班婕妤、鲍令晖、刘令娴等女作家的作品，也赖此书得以保存和流传。

《文苑英华》

北宋四大部书之一，文学类书。宋太宗赵炅命李昉、徐铉、宋白及苏易简等二十馀人共同编纂。

太平兴国七年（982），《太平广记》早已完成，《太平御览》也接近定稿，于是宋太宗下令从《太平御览》纂修中抽调李昉、宋白、徐铉等将近半数人力，加上杨徽之等共二十多人重新编纂一部继《文选》之后的总集，即《文苑英华》。太平兴国七年九月开始纂修，雍熙三年（986）十二月完成。

宋真宗景德四年（1007）做过一次删繁补缺的工作。真宗大中祥符二年（1009）又由石待问和张秉、陈彭年等复校两次。由于史料记载含混，已经无法确定是否刊刻。

南渡以后，宋孝宗又命令校书的专业人员修订，但质量还是很差。所以，周必大在告老辞官以后不得不和胡柯、彭叔夏再一次校订才刊行。这次校出的错误，在中华书局的影印本中分别用小字夹注或篇末黑地大字的形式——标明。今天看到的《文苑英华》即这个校订的本子。

全书上起萧梁，下迄唐五代，选录作家近二千二百人，文章近二万篇，所收唐代作品最多，约占全书的十分之九。可谓卷帙浩繁。

《唐文粹》

《唐文粹》，宋姚铉所编，凡一百卷。这是"断代选文"的创始者。按陈善《扪虱新话》中，以姚铉为徐铉，那是差误的。姚铉，字宝臣，庐州人。太平兴国中，第进士，官至两浙转运使，事迹具见《宋史》"本传"。是编所收的，内容微与《文苑英华》不同，例如："文赋类"中，只取"古体"，而"四六"之文不录；"诗歌类"中，亦惟取"古体"，而"五七言近体"不录。大概诗文俪偶，都莫盛于唐；盛极而衰，流为俗体，亦莫杂于唐；姚铉欲力挽其末流，故其体例如是。是则于欧、梅未出以前，毅然欲矫五代之弊，与穆修、柳开相应者，实自铉始的。

明代张溥有《唐文粹删》，清代王士祯有《唐文粹诗选》，郭麟有《唐文粹补遗》二十六卷。民国初年黄侃（季刚）在去世前一天，大量呕血，坚持把《唐文粹补遗》末二卷圈点读完。

《宋文鉴》

《宋文鉴》，凡一百五十卷，南宋时，吕祖谦所编。祖谦，字伯恭，号东莱，婺州人，其事迹具见《宋史》"本传"。按李心传

《建炎以来朝野日记》，称："临安书坊，有所谓《圣宋文海》者，近岁江钿所编，孝宗得之，命本府校正刻版。周必大言其去取差误，遂命祖谦校正，于是尽取秘府及士大夫所藏诸家文集，旁采传记他书，悉行编类，凡六十一门。"又按此本，不著为祖谦所编，原本为崔敦诗改本。然考《朱子语录》，称：'《文鉴》收蜀人吕陶《论制师服》一篇，为敦诗所删。"此本六十一卷中，仍有此篇，那非敦诗的改本，确然无疑了。